人與人之間只有很小的差距，
但這種小差距，卻會造成彼此成就上很大的差異。

這是一部您在哈佛大學也學不到的成功學！

# 成功17堂課

拿破崙·希爾　著

# 序言

PREFACE

這是一個人人都渴望富有，人人都渴望成功的年代。然而，什麼是成功？成功到底又有些什麼奧秘？

千百年來，人人都在追求成功，研究成功，以求尋找出成功的規律或法則，以期可以讓人類走上更美好的生活！而這些人之中以美國鋼鐵大王安德魯・卡耐基為主的研究最為突出，他在成功學方面做出了相當巨大的貢獻。

卡耐基認為，他自己的成功以及美國許多發明家、企業家、政治家等人的成功，都含有許多值得人們學習的哲理與經驗。因此，他渴望找一位適當的人來研究美國名人成功的哲學。在一個偶然機遇，他發現了後來成為成功學優秀領航人的拿破崙・希爾。他嚴格考驗了年輕的希爾之後，決定委任他擔當研究成功學的重任，要他訪問美國五百位成功名人，總結他們的經驗與哲理，用20年的時間創立成功學。

拿破崙・希爾不負重望，果然拿出了驕人的成績，奠定了現代成功學之基。其八卷本成功學著作的出版，被稱為「美國本世紀重大事件之一」。

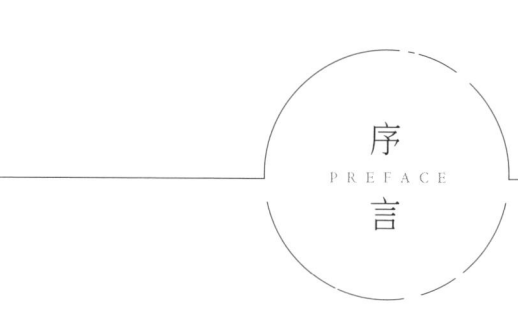

拿破崙・希爾出身貧寒。一八八三年10月26日生於美國維吉尼亞州瓦意城的一棟小木屋中，一九七〇年11月8日逝世於美國南卡羅來納州格林維爾城。

當他還是一個小孩時，他的母親就經常激勵他、祝福他，在他的心中種下了正向思考、渴望成功的種子。

一九〇八年，希爾結識了美國的鋼鐵大王安德魯・卡耐基。從此，他開始了長達20年的採訪、整理、研究——世界上五百多位成功人士的成功經驗以及他們與眾不同的處世哲學。

一九二八年，他完成了八卷本的《成功規律》。這八本書激勵了千百萬人去獲得財富或成為卓越的成功者。

其後，因「成功學」而獲得博士學位的希爾成為美國兩位總統——伍德羅・威爾遜和富蘭克林・羅斯福的顧問。他影響了這兩位總統所做的某些決定，這些決定又影響了美國歷史的進程。

一九三七年，希爾完成了《思考致富》一書。這本書至今已擁有一千多萬讀者。

一九六〇年，希爾與克里曼特・斯通合作，又完成了一部《人人都能成功》一書。此書激勵人們通過糾正意識、性格和生活習慣上的缺點，實現人生的偉大夢想。至此，希爾的成功學畫上完滿的「句號」。

希爾成功學的精華也就是經過他幾十年的研究與歸納所得出的以下17條成功法則——

1. 積極的心態
2. 明確的目標
3. 正確的思考方法
4. 高度的自制力
5. 多走些路
6. 培養領導才能
7. 建立自信心
8. 迷人的個性
9. 創新致勝
10. 充滿熱忱
11. 專心致志
12. 富有合作精神
13. 永保進取心
14. 正確地看待失敗
15. 合理地安排時間與金錢
16. 保持身心健康
17. 養成良好的習慣

本書的出版，也是基於這十七項原則，但為了馬上能讓現代人派上用場，因此大力地做了去蕪存菁的工作，除了留下原味的成功學重點，並吸收了其他成功學的精華予以補充，使其愈加完善，更適合快節奏生活的人們，可以在短時間內吸取精華，實戰人生。

這是一部即使您在哈佛大學也學不到的成功學。當你閱讀此書時，要用積極的心態去對待，不要走馬觀花。要相信這本書能幫你「了解自己，改變自己，開發自己，創造自己」——真正做自己的主人，做自己命運的主宰。

請立即行動起來。把「信念、理想與目標」灌注到你的行動之中，在積極的行動中，馬上去「改變自己」，去過一個你自己想要的人生。

# 目錄

CONTENTS


序言 005

ch.1 認識自己

1 積極心態 014

2 怎樣培養積極性 019

2 怎樣釋放自己的潛能 048

ch.2 你想追求什麼？

1 目標是成功的起點 026

2 怎樣確立你的目標 033

ch.3 潛能的力量

1 喚起你心中沉睡的猛虎 042

ch.4 不要讓進取心停止

1 進取心與成功者的氣質 056

2 進取心專修班 066

ch.5 熱忱法則

1 熱忱原理 076

2 熱忱的養成 083

ch.6 學會專注
1 專注的力量 094
2 怎樣讓頭腦冷靜下來 099

ch.7 直面失敗
1 關於失敗的哲學 108
2 走過天堂路 112

ch.8 做個有自信的人
1 成功的天梯是自信 126
2 不要讓自卑檔了你的道 128
3 建立你的自信心 130

ch.9 駕馭你的情緒
1 認識你的情緒 140
2 調控憤怒的「心靈雞湯」 145
3 測試你的情緒 147
4 做你情緒的主人 155

ch.10 亮出你的個性
1 認識你的個性 165
2 做個討人喜歡的人 178

ch.11 成功者富有合作精神
1 合作的魅力 190
2 如何走上合作之路 194

ch.12 你能成為好領導
1 你有沒有領導才能 206
2 怎樣才能做個好領導 213
3 如何使你的公司穩步前進 220

ch.13 機會餡餅
1 機會的火花 226
2 如何抓住機會 232

ch.14 穿越時光隧道
1 認識你的時間 240
2 如何運用時間 243

ch.15 健康才是一切
1 健康診所 254
2 你能健康 262

ch.16 重塑全新的自己
1 你能駕馭習慣的力量 282
2 新生，從破除舊我開始 285

ch.17 迎接成功 293

# ch.1
# 認識自己

○你是誰？你和你自己談過心嗎？

●你有沒有想過成功？你成功了嗎？

○你想知道他人是怎麼成功的嗎？

●認識你自己，動用你的積極心態，你會驚奇地發現：我可以做到！

# 1 積極心態

從前，南洋有位生活困難的老太太，她有兩個兒子，老大靠賣雨鞋為生，老二則靠賣陽傘過日子。兄弟倆以微薄的收入養活老人家，日子倒也還過得去。但是，老太太總是心裡不安寧，臉上也不見笑容。

天下雨了。鄰人問：「老太太，怎麼今天繃著臉，不高興？」老太太說：「下雨沒太陽，我家老二的陽傘怎麼賣得出去？」

天晴了。鄰人又問：「老太太，怎麼今天繃著臉，不高興？」老太太說：「天晴了，我那大兒子的雨鞋怎麼賣得出去？」

就這樣，天晴也好，下雨也罷，老太太總是一臉愁容。

後來，有人給老太太點撥一下，她竟高興了起來，整天笑意堆滿臉，一下子似乎年輕了好幾歲。

天下雨了。鄰人問：「老太太，今天怎麼這麼高興？」她答：「沒看見嗎？天下雨了，我那賣雨鞋的兒子能賺錢了。」

天氣晴了。鄰人問：「老太太，今天怎麼這麼高興？」她答：「沒看見嗎？天晴了，我那賣陽傘的二兒子要發財了。」

同樣的事，老太太為什麼會樂觀起來？

答案是：她學會了運用積極的心態去看待問題，思考問題。

命運就掌握在你手中，犯不著怨天尤人。

拿破崙・希爾告訴我們：我們的心態在很大程度上決定了我們人生的成敗。我們怎樣對待生活，生活就怎樣對待我們。我們怎樣對待別人，別人就怎樣對待我們。我們在一項任務剛開始時的心態，就決定了最後將有多大的成功。這比任何其他因素都重要。

也許你認為，你現在的境況是他人造成的，落後或不利的環境決定了你的位置，你只好聽天由命，把命運交給冥冥中的主宰。這樣想，那你就大錯特錯了。環境為人而生，人能從根本上改變環境。說到底，如何看待人生，改變命運，由我們自己決定。

德國心理學者馬布科克（一八六九～一九五三年）說：「最常見，同時也是代價最高昂的一種錯誤是認為成功有賴於某種天才、某種魔力、某些我們不具備的東西。成功的要素其實就掌握在我們自己手中。一個人能飛多高，並非由其他因素，而是由他自己的心態所制約的。」

我們知道，美國總統富蘭克林・羅斯福小時候是一個非常脆弱膽小的人。據他後來說：當老師叫他起來背誦課本時，他就雙腿發抖，呼吸急促，嘴唇顫動不已，回答得含糊而且不連貫，然後在同學的譏笑中頹喪地坐下來。

按理，像他這樣的人，自我感覺一定很敏銳，會拒絕參加任何集體活動，不善交友，孤獨、憂鬱。事實卻正相反，他的缺陷促使他更努力奮鬥，並不因同伴對他的嘲笑而退縮。他堅強地咬緊牙關，強使嘴唇不顫動，克服他的懼怕。就是憑著這種戰勝自己的精神，他也戰勝了別人，從而成為美國最得人心的總統之一。羅斯福成功的主要因素在於——他的積極心態和持之以恆的努力。

這句話不是妄言。細細分析，其中包含著深刻的哲理。首先是深層次心態問題。每個人的深層次心態都不一樣。有些人的心態表現為堅定不移的：信心、誠實、希望、樂觀、勇氣、向上、容忍、機智、誠懇等正面因素；有些人的心理傾向則為：消極、悲觀、失望、頹廢、病態、憂鬱、壓抑等負面因素。但總的劃分可歸為兩類——積極的心態和消極的心態。

在你的身上佩帶著一個隱形護身符，護身符的一面刻著「積極心態」，一面刻著「消極心態」。如果你運用積極心態，就能夠創造出財富，取得成功，擁有健康；如果你運用消極心態，則會使希望泯滅，意志消沉，最終走向平庸與墮落。

在這個周末的早晨，牧師正在為講道的內容傷腦筋。他的太太出去買東西了，外面下著雨，小兒子又調皮搗蛋，在旁邊纏著他，使他無法進行思考。他靈機一動，順手將一張色彩鮮麗的世界地圖撕成碎片，丟到客廳的地板上。他告訴兒子，只要能把這張地圖拼起來，就給兩毛五分錢。兒子愉快地答應了。

牧師關上房門，心想：這下可以靜一靜了。兒子至少會忙個上午。誰知不到十分鐘，兒子就跑過來向他要錢。牧師驚訝萬分，問兒子怎麼這麼快就拼好了。

兒子回答：「這很簡單！你瞧，這張地圖的背面有一個人的圖像。我先把人的圖像拼好了，再翻過來就行了。我想，只要將人拼對了，地圖當然也就對了。」

牧師忍不住抱起兒子，說：「聰明的孩子！你不僅掙了兩毛五分錢，還給了我明天講道的內容。」

那就是——只要一個人的方向是對的，那他也就能很快到達目的地！

如果你不滿意自己的環境，想力求改變，首先就應該改變你自己。如果你的想法是對的，你的世界也就是對的。假如你有積極的心態，你四周所有的問題就會迎刃而解；從今天開始，如果你用積極的心態去思考、去對待某件事，其結果就會和其他人不一樣了。

日本的水泥大王淺野總一郎（一八四八～一九三〇年）二十三歲那年從鄉下來到繁華的東京，看到有人用錢買水喝，感到很奇怪：水還得用錢買嗎？對於這種情景，有的人這樣想：東京這個地方，連用點水都要花錢，生活費太高了，怕難以久居，於是離開了東京。可淺野總一郎不這麼想。他想：東京這個地方，居然連水都能賣錢。他一下子振奮起來，從賣水開始，打開了他的創業生涯。後來他成了雄據東京的水泥大王。

你看，同一桶水，不同的人，看到的是兩種截然不同的前景。

那麼，在你的現實生活中，不妨處處動用你的積極心態；面對困境，追求成功的奮鬥過程中，不忘時時默念一句話——我可以做到！

# 2 怎樣培養積極性

## 1 學會微笑

微笑是一門社交藝術；微笑是一種令人愉悅的表情；微笑是一種含意深遠的身體語言。會微笑的人，生活中充滿陽光，充滿快樂；會微笑的人，擁有友誼，擁有別人報以他同等的問候：微笑。

微笑同時是一種自信，一種樂觀豁達的人生態度，一種積極向上的情緒感染。微笑可以鼓勵交談對手的信心，可以融化人與人之間的陌生隔閡。「一副好的面孔就是一封介紹信。」擁有真誠的微笑，就擁有建立積極心態的基石。

(1)每天早晨對鏡練習微笑三分鐘——自然為佳。

(2)上、下班時對所有同事報以真誠的微笑——強調「真誠」二字。

(3)對陌生人微笑點頭要——親切。

(4)對你的「敵人」微笑——要豁達。

## 2 培養樂觀精神

樂觀的精神是積極心態最主要的表現形式。樂觀的精神其實就是積極的思想態度。曾經統治羅馬帝國的偉大哲學家馬爾卡斯・阿理流士說過這樣一句話：「生活是思想造成的。」——擁有樂觀思想的人，他的生活就是快樂的；擁有悲觀思想的人，他的生活就是壓抑的。

樂觀的精神狀態對我們的身體和力量，也有著難以置信的影響。

英國心理學家哈德飛在《力量心理學》裡做了這樣一個實驗：他請來三個人，要他們在三種不同的情況下，盡全力抓緊握力器。

在正常清醒狀態下，他們的平均握力是101磅。

第二次實驗則將他們催眠，並告訴他們，他們的身體非常虛弱。實驗的結果，他們的握力只有正常力量的三分之一，即只有33磅。

第三次實驗，催眠後，告訴他們，他們非常強壯，力大無比，結果他們的握力平均竟然達到142磅。也就是說，當他們在思想上肯定自己有力量之後，力量幾乎增加了百分之五十。

這就是我們難以置信的心理力量，也就是我們前文所講的「你認為你行，你就做得到」的理論依據。

擁有樂觀的精神，就能獲得強大的人生動力。

從現在開始，改變你的習慣用語——

不要說：「我累壞了！」而要說：「忙了一天，現在心情真輕鬆！」

不要說：「他媽的，我的命運怎麼這麼背！」而要說：「神就是要考驗我！」也可以說：「我就是自己命運的主宰者！」

不要說：「我不行！」而要說：「我行！」

不要說：「我很笨，還是你來吧！」而要說：「我沒經驗，請讓我有機會，先來試一試！」

不要唉聲嘆氣，不要長吁短嘆；要用積極的語言，去表達你的苦悶以及失敗。

## 3 學會讚美自己，讚美別人

讚美自己是對自己的肯定，是加強自信心的方式之一；讚美別人，則是對他人的肯定，是人性中拋棄了自私、陰暗而具有陽光般的品質。

大文豪莎士比亞曾如此說：「讚美——是照在人們心靈上的陽光；沒有陽光，

我們就不能生長。」

心理學家威廉・詹姆斯則說：「人性最深切的需求，就是渴望別人的欣賞。」

讚美具有驚人的潛在推動力量。當教師的人都明白這樣一個道理：對落後的學生，過多的體罰與批評無濟於事。這些學生乍看簡直一無是處，但你只要找到一件值得讚美的事，對他予以誇獎，他就會揚長避短，久而久之，就會變成另一個人。

英國文豪狄更斯年輕時潦倒不堪，寫稿不斷被退稿。有一天，一位編輯承認了他的價值，寫信誇獎了他。這個讚美改變了狄更斯的一生，從此世界上多了一個偉大的文學家。

「我很棒！」每天至少兩次讚美自己。

用右手點左、右胸脯，同時面帶微笑地說：「我真的很不錯！」當「不錯」字出口，右手大拇指豎起，伸向前方。

另外，還要養成多讚美別人的習慣。

(1) 借用第三者的口吻讚美他人：「難怪某某說你那麼年輕漂亮。」

(2) 讚美要具體熱情。「你的歌唱得不錯！」如果你用這句話讚美他人，就不會起到好的作用，因為太空洞，缺乏熱情。換個方式就好一點：「你的歌唱得不錯，不熟悉你的人說不定還以為你是吃這行飯的呢！」

(3)讚美要適度。適度的讚美，會使人心情舒暢；否則，會使人難堪、反感。一般說來，讚美他人要實事求是，恰如其分；讚美的方式要適宜，即針對不同的對象，採取不同的讚揚方式和口吻。如對年輕人，語氣上可稍誇張些；對德高望重者，語氣上應帶尊重的口吻；對思維細膩敏感的人要直接了當；對疑心的人，儘量把話說明白。

## 4 學會自我激勵

「自我激勵」的一個方法是讚美自己、肯定自己，另一個方式則是經常使用一些能激勵你積極思考、積極行動的詞語。

拿破崙．希爾的成功哲學，你不妨借鑒——

(1)馬上行動，便能使異想天開的夢想變成事實。

(2)心裡怎樣思考，行動就會怎樣去做。

(3)心中想到失敗，你就失敗了。

(4)如果你沒有必勝的決心，就不會有任何成就。

(5)只要心中浮現失敗的字眼，成功就不會向你微笑。

(6) 在我生活的每一方面，都會一天天變得更順更美好。
(7) 我覺得健康！我覺得快樂！我覺得我是最棒的！
(8) 相信自己OK，便會攻無不克。
(9) 「不可能」這個字眼，只在愚人的字典中找得到。
(10) 去做你害怕的事，害怕自然就會消失了。

這些自勵的話選擇幾句，竭盡全力大聲地念，重覆到熱血沸騰為止；每周至少一次。唯有如此，這些「激發詞」才能真正被理解，才能成為潛意識的一部分，激發你的積極心態。

朋友們，如果你此時正用積極的心態在思考這些文章的意義。那麼，恭喜你，你已經開始走向成功了！

ch.2

# 你想追求什麼？

○在這個世界上，你找到自己的坐標了嗎？

●你將要前往何方？

○你要達到什麼樣的目的？

●你樹立起你的航海燈塔了嗎？

# 1 目標是成功的起點

如果說積極的心態是成功的基礎，那目標就是構築成功的基石。目標是對於所期望成就的事業所下的真正決心；目標是具體可行並且值得不斷追求的實物理想。

拿破崙・希爾說：「有了目標，才會成功。」

沒有目標，不可能發生任何事，也不可能採取任何步驟。

一個人沒有目標，就只能徘徊在人生的旅途，裹足不前，難以取得成功。

為了說明此點，不妨先看下面的真實故事——

一九五二年7月4日清晨，加利福尼亞海岸籠罩在濃霧中。海岸以西21英里的卡塔林納島上，一個34歲的女子涉水下到太平洋，開始向加州海岸游過去。要是成功了，她就是第一個游過這個海峽的女子。在此之前，她是從英法兩邊海岸游過英吉利海峽的第一個女子。她的名字叫弗羅倫絲・查德威克。

那天早晨，霧很大，連護送她的船都幾乎看不到。時間一個鐘一個鐘過了，千千萬萬的人看著有關她的實況轉播。有幾次，鯊魚靠近了她，被人開槍嚇跑。她仍然在游。在這類渡海游泳中，泳者的最大問題不是疲勞，而是冷冽地水溫。

15個鐘頭之後，她又累又冷。她知道自己不能再游了，就叫人拉她上船。她的母親和教練在另一條船上。他們都告訴她，海岸很近了，叫她不要放棄。但她朝加州海岸望過去，除了濃霧，什麼也看不到……

於是，從她出發算起15個鐘頭零55分鐘之後，人們把她拉上船。又過了幾個鐘頭，她逐漸暖和了，這時卻開始感受到失敗的打擊。她不加思索地對記者說：「說實在的，我不是為自己找藉口，如果我當時看見陸地，也許我能堅持下來。」

人們拉她上船的地點，離加州海岸只有半英里！後來她說，令她半途而廢的不是疲勞，也不是寒冷，而是因為她在濃霧中看不到「目標」。

可見，目標的作用既是你努力的依據，也是你走向成功的動力源。如果你想要成功，那麼，請你盡快制訂你的目標。

確定的目標和積極的心態相結合是所有成功的起點。

記住：要改變你的世界，就要有改變的目標——你想要改變成什麼樣的世界。

咱們來看看羅伯特怎樣用80美元周遊世界。「別人用80天環繞世界一周，我為什麼不能用80美元周遊世界呢？」

羅伯特主意一定，就立即行動起來——

(1)和某家藥廠簽訂合約，保證為該公司提供他所旅行之國家的土壤樣本。
(2)換好一張國際駕照，準備一套地圖。
(3)設法取得船員文件。
(4)獲得紐約警察部門關於他無犯罪記錄的證明。
(5)準備一個全球YMCA（青年會）的名冊。
(6)與一家貨運航空公司達成協議，該公司同意他搭飛機越過大西洋，只要他答應拍攝照片，供公司宣傳之用。

準備好這些計畫之後，26歲的羅伯特背上自己心愛的相機，口袋裡裝了80美元，開始了他的目標——周遊世界之旅。

也許你會奇怪他的80美元是怎麼花的，那不妨再往下看——

(1)在加拿大紐芬蘭島甘德城吃早餐，給廚師們照了相，抵免餐費。
(2)在愛爾蘭的珊龍市花了4.8美元買了四條美國香菸。那時在許多國家，紙煙和紙幣作為交易的媒介物是同樣便利的。
(3)從巴黎到維也納，費用是給司機一條菸。
(4)從維也納乘火車，越過阿爾卑斯山，到達瑞士，給列車員四包菸。

(5)乘公共汽車到達敘利亞首都大馬士革。羅伯特給敘利亞的一位警察照了相，這位警察為此十分高興，派了一輛小汽車，免費為他服務。

(6)給伊拉克特快運輸公司的經理和職員照了一張相。這使他從伊拉克首都巴格達到了伊朗首都德黑蘭。

(7)作為『飛行浪花』號輪船的一名水手，他從日本到了舊金山。

——確定的目標和積極的心態，使羅伯特的夢想實現了。

在我們周圍，每一百人中，就有九十八人對自己的處境不太滿意，但他們沒有明確的目標，沒有一個人生的終極目的。結果是，他們只能繼續生活在一個他們無意改變的世界。

美國《婦女家庭》雜誌的編輯愛德華•包克小時候就沉浸在一種想法當中：總有一天，他要創辦一本雜誌。由於有了明確的目標，他處處留意身邊的每一個機會。有一次，他看見一個人打開一包紙菸，從中抽出一張紙條，隨即把它扔在地上。包克彎下腰，拾起這張紙條。那上面印著一個著名女演員的照片。在這張照片下面印有一句話：「這是一套照片中的一張。」這是菸草公司敦促買菸者收集整套照片的廣告詞。包克把這張紙片翻過來，注意到它的背面竟然完全空白。

像往常一樣，包克感到這兒有一個機會。他推斷：如果把附裝在菸盒裡，印有明星照片的紙片充分利用，在空白的那一面印上照片上的人物的小傳，這種照片的價值就可大大提高。於是，他就到印刷這種紙菸附件的公司，向那家公司的經理說明了他的構想。這位經理聽了，立即說道：

「如果你幫我寫一百位美國名人小傳，每篇一百字，每篇我付十美元稿酬。請你盡快給我一張名人的名單，並把它分類，可分為總統、將帥、作家、演員等。」

這就是包克最早的寫作任務。後來他的業務量加大，不得不雇用專業記者完成任務。包克就這樣走向他的編輯之路，他的《婦女家庭》也隨之誕生。

一旦你的心中有了一個明確的目標，你的潛意識裡就開始遵循一條普遍的規律：人能設想和相信什麼，就能用積極的心態去完成什麼。你的所有行動就有了很明確的傾向性；你因受到自我的激勵而願意付出，枯燥的工作也變得快樂起來；你能夠預算時間和金錢；你會同包克一樣，對一些不易覺察的機會極度敏感。因為你此時有了明確的目標，你知道你想要什麼，就很容易覺察到這些機會。

一位農家子弟高中聯招落榜後，不願再上學，決定回家務農。父親讓他學犁地。他說：「這很簡單，不用學。」結果他把地犁得亂七八糟，犁溝怎麼犁也不直。父親告訴他：「孩子，犁地也需要目標呀！你低著頭，沒有一個具體的目標，地當然犁不好。」

兒子似乎恍然大悟，就以路邊的一頭小牛為目標犁了過去，結果又犁成了拋物線。兒子不解，問父親，這是怎麼回事？

父親說：「你最初沒有目標，犁得七扭八歪；這次有了目標，卻犁成了拋物線，是因為你的目標是移動的。瞧！小牛在吃草，目標是活動的呢？」

兒子這才明白了。這次他以田邊的一棵小樹作為目標，犁溝一下變得筆直了。兒子受到啟發，決定重新拾起書本，為自己確定一個固定的目標。一年後，他終於榜上有名。

這個故事告訴我們，不管你具有多大的能力、才華或能耐，如果你無法管理它，不把它用在「那棵特定的樹上」，你就永遠無法取得成就。

設定目標的藝術是把它凝注在某一特定、詳細的目的上。

做父母的愛問自己的孩子：「將來長大了幹啥事呀？」

「我要當科學家。」孩子答（也許還有說當老師、當醫生……）

朋友與朋友之間也會聊到，「大學之後幹什麼？」答曰：「找個收入不錯的工作。」或「存錢買個好的房子。」也有人說「先討個很棒的老婆啊！」等等。

這裡的目標都太泛泛，不具體、不確定。「科學家」，當什麼科學家？該怎麼做？「收入不錯的工作」，「收入不錯」是個什麼概念？具體是多少？「好的房子」或「很棒的老婆」也是如此，「好」與「很棒」到什麼程度？目標必須確定、具體。比如要學外語，就要訂好學習計畫，每天要背10個單詞、一篇短文章，每周看一份英文日報。由於你定的目標很具體，並能按部就班去做，目標就容易達到。

「暗示心理學」有這樣一個有趣的實驗——

10個身高差不多的學生被分成兩組，他們的立定跳遠都能達到2公尺。對他們分別進行催眠，告訴第一組的人：你一定能跳到2.5公尺；告訴第二組的人：你能跳得更遠。結果第一組中所有的人都達到2.5公尺的要求；第二組只有一個人跳到2.1公尺，其餘四人竟連2公尺都達不到。為什麼？因為第一組有一個具體的目標，內心產生了巨大的動力，迫使他們去實現它；第二組則沒有明確具體的目標，沒有動力源，自然不會要求自己。

# 2 怎樣確定你的目標

## 1 和自己對話

和自己對話，就是問自己本章開篇的那幾句話：

「在這個世界你找到自己的坐標了嗎，你將要前往何方？你要達到什麼樣的目的？你樹立起你的航海燈塔了嗎？……『想要什麼？』就是你的目標；而你的燈塔，就是你遠航的起跑線。沒有目標，就沒有前進的方向；沒有起跑線，就無從規劃自己的航程。」

專門留出一天的時間，思考、規劃你的理想。避開一切干擾，別讓他人打斷你的思路。可以選擇你認為比較幽靜的地方，然後獨自發問——

(1) 在我的一生中，我能想像自己做出的最偉大事業是什麼？

(2) 我想要什麼？我的欲求何在？

(3) 我有什麼專長？我的優點是什麼？什麼東西我幹起來最得心應手，或比別人做得更好？

(4)我的激情在哪方面？什麼東西最使我神往、衝動？如果有，是什麼？

(5)我所處的時代和環境有何特別之處？有哪些因素容易產生機會呢？

(6)我羨慕的成功人士有哪些？決定學習他們的哪些優點？

上述過程要一年重複一次，或者有必要時就重做一次。目的是能及時修正目標。如果幾年來你抱著同一個理想，而且你覺得在新環境中產生的這個理想更具魅力，那麼，你就很可能已瞄準了你人生中的一個最棒的理想了。

## 2 讓夢想一步步靠近你

目標一旦確定，就要把它表述出來，讓它變成具體可感的實質性理想。把你的目標清楚地表述出來，可以使你集中精力，發揮你的潛能，使夢想一步步靠近你。

在此，建議你將夢想清單化——

| 序號 | 類別 | 夢想 |
| --- | --- | --- |
| | | |
| | | |
| | | |
| | | |
| | | |

夢想可以涉及人生的各個領域，如：個人的發展；身體健康；專業成就；晉升；人際關係；家庭責任；財產；收入；旅遊。

按你所認為的重要次序排列，不要考慮能否實現。假設全部能實現，你怎麼寫？能寫多少？別害怕，要重視你的夢想。

把能寫下來的都寫下之後，問自己兩個問題——

(1)這份夢想清單是否使我向理想邁進一步？如果你發現這些目標之中有什麼與你的人生目標及你將來的理想不相符，可以刪去它或者重新評估。二者必選其一。

(2) 你已經記下為實現理想必須達到的2～5個夢想了嗎？如果達到，那麼把你認為最重要的人生終極目標圖表化。

——在此，也建議你將目標圖表化

**我的目標**

| | | | |
|---|---|---|---|
| 目標 | | 今天的日期 | |
| | | 預定達成期 | |
| | | 實際達成日期 | |
| 達成目標之後 | 能得到什麼歡樂 | | |
| | 能避免什麼痛苦 | | |
| 實現目標過程 | 障礙是什麼 | | |
| | 怎麼去克服 | | |

| 應提升的能力 | 一定要看的書 | 自我的提示語 |
| --- | --- | --- |
| | | |
| | | |

## 3 立即行動

目標制訂後，需要你立即行動。「三思而後行」，千萬不要「三思而不行」。那種喜歡做「思想的巨人，行動的侏儒」的人，終將一事無成。

拿破崙・希爾講了這樣一個做事——

有一個人特別想到中國去旅遊，於是定了一個旅行計畫。他花了幾個月閱讀能找到的各種資料——中國的藝術、歷史、哲學、文化。他研究了中國各省地圖，訂了飛機票，並擬好了詳細的日程表。他標出要去觀光的每一個地點，就連每個上午、下午、晚上去哪裡都搞好了。

一個月之後，有個朋友就到他家詢問中國的情況：「中國怎麼樣？」這人回答：「我想，中國是不錯的。可是我沒去。」「我是喜歡訂旅行計畫，但我不願搭飛機——受不了！所以待在家裡沒去。」這就是一個典型的例子。苦思冥想，而不去實踐，只能是白日做夢。

之後，你每天早晨大聲念一遍自己的夢想清單及目標。

接著，細心規劃各時期的進度：每小時的，每日的，每月的。

## 4 拿起毅力這塊「敲門磚」

任何獲得成就的人都是靠持之以恆的「毅力」，一步一個腳印走向輝煌的。一位63歲的老太太決定從紐約市步行到佛羅里達州邁阿密市。到達邁阿密後，一些記者問她：「做這種長途跋涉，你是否害怕過？你是如何鼓起勇氣的？」

這位老太太回答：「走一步路是不需要勇氣的。真的，我所做的一切就是這樣。我只是走一步，接著再一步，然後再一步，再一步，就到了這裡。」

老太太的話很富有哲理性。生活中，只要你明確了確定不移的目標，其後只需一步一步走下去，就能成功。

美國的西華・萊德先生是一個著名的作家兼戰地記者，他曾撰文說，生活中，他最大的收穫是——繼續走完下一里路。

「二戰期間，我跟幾個人從一架破損的運輸機上跳傘逃生，結果迫降在緬印邊界的樹林裡。當時唯一能做的就是拖著沉重的步伐往印度走，全程長達一四〇英里，必須在八月的酷熱和季風所帶來的暴雨侵襲下，翻山越嶺，長途跋涉。

「才走了一個小時的路，其中一隻長統靴就被另一隻長統靴的鞋釘戳穿了，鮮血直流。到傍晚時，雙腳全是血泡。我只能一瘸一拐地走完一四〇英里嗎？伙伴們的情況也差不多，甚至更糟。但我們又不能不走。跟本別無選擇，只好硬著頭皮走完下一里路……結果，我們都安全地到達目的地。」

持之以恆地幹下去，是實現任何目標的最有效方法。

# ch.3 潛能的力量

○你的心中沉睡著一頭猛虎，別忘了喚醒它。

●它的威力足以鏟平成功之路上的一切障礙。

# 1 喚起你心中沉睡的猛虎

人一生中真正運用的心理潛能平均只有7.2%。那麼92.8%的心理潛能到底是用來幹什麼？答案是：它們在沉睡。

這是一個人人都渴望成功的世界，並且每個人都為之進行或大或小的努力。但真正成功的有幾人呢？你成功了嗎？成功到底有什麼「祕訣」？拿破崙．希爾這樣認為：「任何成功者都不是天生的，成功的根本原因是開發了人們的無限的潛在能量與能力。只要你抱著積極的心態去喚醒你心中沉睡的那隻猛虎，你就會有用不完的能量，你的能力就會越來越強。相反，如果你抱著消極心態，不去開發自己的潛能，那你只有嘆息命運不公，並且越發消極無能。」

人在危機的處境中，往往能做出令他人，更令自己吃驚的事。

二戰期間，一艘美國驅逐艦停泊在某國的港灣。那天晚上萬里無雲，明月高照，一片寧靜。一名士兵按例巡視全艦時，突然發現前方海面有一個烏黑的大東西浮動著。他馬上意識到那是一枚觸發式水雷，可能從某處雷區冒出來，正隨著退潮，慢慢向艦身中央漂來。他馬上抓起電話，通知了值日官。值日官確認情況後，很快通知了艦長，並且發出全艦戒備的訊號。全艦立時動員起來。

官兵們一時束手無策。怎麼辦？該起錨走嗎？不行！已經沒有時間了。發動引擎，使水雷漂離？不行！因為螺旋槳轉動，只會使水雷更快地漂向艦身。以槍炮引發水雷？也不行！因為那枚水雷太接近艦裡面的彈藥庫。那該怎麼辦？放下一隻小艇，用一支長桿把水雷攜走？這也不行！因為那是一枚觸發式水雷，同時也沒有時間去拆下水雷的雷管。悲劇似乎沒有辦法避免了……

突然，一名水兵想出了比所有軍官的想法更好的辦法：他迅速地拿來消防水管，並要求隊員們協助他在艦艇和水雷之間的水域上噴水。大家一時明白過來，隨即，一道強大的水流形成，把水雷帶向遠方，然後安全引爆。

只有1%的潛能被激發，就令他人、令自己大吃一驚！那麼，假設剩下的潛能全被激發出來，會發生什麼結果？你肯定一鳴驚人。

有個老鷹的蛋放在雞窩中孵化之後，小鷹和小雞一起長大，牠只知道自己是雞，從沒想過自己還會是什麼。起初牠很滿足，過著和雞一樣的生活。但是，當牠逐漸長大的時候，內心裡就有一種奇特不安的感覺。

「我好像不只是一隻雞！」牠心裡想。但牠沒有採取什麼行動。直到有一天，一隻了不起的老鷹翱翔在養雞場上空，小鷹感覺到自己的雙翼湧出了一股奇特的新力量，很想飛起來。

「養雞場不是我待的地方，我要飛上青天，棲息在山岩之上。」

於是，牠展開了雙翅，飛到一座矮山頂上。極度興奮之下，牠再飛到更高的山頂，最後衝上雲霄，到達最高的山巔。牠發現了偉大的自己。

也許你已經習慣了平平常常，習慣了「平平淡淡最真實」的無耐嘆息，但你的內心肯定不止一次地問過你自己：「就這麼混一生嗎？不轟轟烈烈幹點令他人、令自己吃驚的事嗎？就這麼安於現狀嗎？」

那麼，就請你從這則寓言中咀嚼一下：

你不是一隻雞，而是一隻鷹！無盡的藍天需要你去翱翔！

創造力潛伏在每一個人的頭腦中。創造力絕不是什麼天才之類的獨特力量和神秘天賦。創造力應用於你的工作，可以順利解決——大到宏偉的企劃，小到日常糾紛中的難題。

那麼，什麼是創造力？

有一個藝人舉著一塊價值9美元的銅板叫賣：「價值28萬美元。」人們不解，就問他怎麼回事。他解釋說：「這塊價值9美元的銅塊如果製成門柄，價值就增為21美元；如果製成工藝品，價值就變成300美元；如果製成紀念某個特定人士的銅牌，價值就應該達到28萬美元。

他的創意打動了華爾街一位金融家，結果那塊銅最終製成了一尊優美的胸章——一位成功人士的紀念像，最終價值就是30萬美元。

從9美元到30萬美元，這就是——創造力。

「人類的智慧如果生發為一個新點子，就永遠超越了它的原型，不會恢復本來的面目了。」

對你來講，你的創造力就是新點子。創造力就是創新的能力。

可以回想，在處理哪些事情時，你有比較好的新點子？你是否依據你的新點子去採取行動？有沒有不存在「新點子」的可能？如果有，找出原因。

所羅門王據說是世上最明智的統治者，他曾說：「他的心怎樣思量，為人就怎樣。」——換言之，你要相信會有什麼結果，就可能有什麼結果。

「人不可能取得他自己並不追求的成就。人不相信他能達到的成就，他便不會去爭取。」當一個消極心態者對自己不抱很大的期望時，他就會給自己取得成功的創新能力澆冰水；他成了自己潛能的最大敵人。

人的創造力是沒有極限的，唯一的限制來自你所接受的知識、道德和價值系統。這些系統會使你給自己打分數。面對一件事，你首先想到的是：

「我這個人能力有限，幹不了！」或「我沒這種天分，做不來！」……

其實，有很多你深信不疑的事可能是垃圾，它阻擋了你的創造力。每當你察覺到被某個信念所限制時，不妨袪除它，用一個能夠保留和有助益的信念取代。

潛意識是活動於大腦中但不外露、不明顯的認識、思想等心智活動。

佛洛伊德曾用冰山理論形容：「浮在海平面，可以看得見的一角是意識；而隱藏在海平面以下，看不見的更廣大的冰山主體便是潛意識。」

潛意識是你記憶儲存器。你一生的風風雨雨、所見所聞、所思所感都會自覺或不自覺地被儲存起來。你肯定有過這樣的經歷：突然遇見一個人，一樁事，一個場景，有似曾相識的感覺，但又不能具體地說出來。

人的一些習慣性動作、行為，以及一些自己也沒有意料到的舉止，實際上就是潛意識在支配。有些人遇到難題，馬上想到「克服他」、「想辦法解決」，並立即行動；有些人遇到難題則不自覺地，甚至不加思考地就想到倒退，想到失敗，而且在行動上也確實退卻了。這便是過去的經驗或習慣在潛意識中起作用。

好的、積極向上的潛意識能提供巨大的動力源；壞的、消極頹廢的潛意識則能使你意志消沉，失去動力。

用積極的潛意識對待生活。如此，潛意識支配你就轉變為你支配你的潛意識。

當你苦思冥想某一難題，一時得不到解決的辦法時，你可能會暫時停下來，做別的事，但你的腦海中始終有它的影子。結果有一天，你突然大跳起來——你有解決它的辦法了。這就是你的「靈感」。

所謂「靈感」，就是潛意識的自動思考功能。

某次洗澡時，古希臘物理學家阿基米德注意到當身體下沉，就有水溢出這一現象，立刻興奮地從浴缸跳起來——他的「浮力定律」由此誕生。

# 2 怎樣釋放自己的潛能

## 1 走出壓抑的低谷

如果你是一個很有魅力的人。人們通常會說，某一個人很有「個性」哦！其實是指這個人沒有壓抑自我的創造性和具有表現自我的勇氣。

你肯定不會壓抑自己。壓抑自己會使你變得羞怯、靦腆、敵意、過度的罪惡感、失眠、神經過敏、脾氣暴躁、無法與人相處，使你的潛能發揮不出來，始終徘徊在壓抑的低谷。從而，成功就肯定與你無緣。

潛能受壓抑的人往往沉溺於自我批評的陷阱。正確的反省是必要的，但不能什麼事都否定。心理學家奉勸我們——你不要折磨自己。如果你時刻都進行自我猜測、自我否定或者對過去行為的無休止的分析，最終只能導致失敗。

另外，要養成適度大聲說話的習慣，大聲說話是一個人自信心的表現。在個性受壓抑下，不要考慮這是否缺乏修養。

適度大聲說話，並不意味著你必須對別人大喊大叫或使用憤怒的聲調，只要有意識地——使聲音比平時稍為大一些些就可以了。

大聲說話，可調動全身15%的力量，使你能比在壓抑狀況下舉起更重的東西。科學家對此解釋：「大聲說話能解除壓抑——調動全部潛能，包括那些受到阻礙和壓抑的潛能。」

運用自律法擺脫壓抑，「自律」就是「自我調整」，使神經、肌肉、骨骼都能放鬆，消除緊張、勞累感，使心身愉悅，從而擺脫壓抑。

①安排一個寧靜的房間，內設一張舒適的床或沙發。

②穿寬鬆的衣服，仰臥到床或沙發上。枕頭調整到自己認為最舒適的高度，將頭深埋枕內，但不要讓肩膀也放到枕頭上。雙臂放在離身體稍遠的側邊，使手臂的肌肉自然鬆弛。雙腳稍微分開，腳趾張開成扇形，使肌肉能自然運作。

③深呼吸三次。每一次吸入後，盡可能憋住氣不呼出，並使全身緊張，然後握緊拳頭。這一過程是讓你體會到緊張的感覺。在每一次忍不住時，再將氣緩緩呼出，盡可能導引自己產生「如釋重負」之感。這一過程是讓你體會鬆弛的感覺。

④想像此時此刻你的心情很寧靜，沒有任何雜念，天地之間，除了清虛之氣外，沒有任何東西能打擾你。

⑤默念：「心情相當寧靜……手臂沉重……手臂很沉重……手臂相當沉重……心情很寧靜……手臂相當相當沉重……沉重……沉重……」

⑥細細體會沉重又鬆弛的感覺，然後依次類推到頭皮、耳、鼻、口、頸、背、腰、腿、腳、趾等部位。

⑦每一過程大約需要6～7分鐘，總時間30分鐘為宜。

## ❷ 激發你的創造力

你的生命中潛藏著很多可能性，但因為你經常用老一套的生活習慣或思維，使你的「可能性」悄悄隱蔽起來，你除了盲目地回答「是」或「不是」外，再不往前考慮一步。

這是我們所受的教育的最大弊端——固定思維。它扼殺了我們太多的創造力，使我們的金礦沉澱到最底層的世界。

然而，只要你意識到自己也是一個偉大的人，一個有所作為的人，就會積極行動起來，以「他山之石，可以攻玉」的方式，激發你的創造力，走向成功，走向你想要過的人生。

用一分鐘時間思考你身邊的某一物件，看它還有什麼用途，並記下來。

任何一件事物都有其存在的合理性，但這種合理性並不是唯一的，它還有其它存在的可能性。只要你發揮想像力，你的創造力就會被激發。換句話說，對一件事或物多問幾個為什麼，敏銳的創造力就會光顧你思想的大門。

不妨參考以下幾個提升創造力的問題——

——這個東西還有什麼用處？

——什麼東西可以取代這個東西？

——怎樣改進，可以強化它或產生新用途？

——如果它大一些，又會如何？

——小一些，又會出現怎樣的不同？

——重新改造它，行不行？

——還有沒有其它可能性？

在點子產生的階段，右腦最有用。很多時候，百思不得其解的問題會不經意間頓悟，原因就是勞累過度的左腦得到放鬆，右腦的功能得到釋放的結果。所以，很多人總是發覺自己在不專注於問題時，才發現了解決問題的最佳方案。

直覺是人的先天能力，對待某一事物所產生的預感。創造性的人都知道直覺的重要性。他們先處理一些明顯無用的信息後，面對一時難以分辨主次的矛盾，就憑直覺下結論。

看看你是否是一個善於抓住直覺，創造機會的人——

(1)是否相信超感應？

(2)是否有成功地預測到會發生什麼事的經驗？

(3)是否相信自己以靈感捕捉他人的第一印象和他的本質相符？

(4)碰到重大問題，內心有沒有強烈的觸動？

(5)你所做的事，是否都是憑感覺做的？

(6)在別人發現問題前，你心中是否有同感？（不管你有沒有表達出來。）

(7)有沒有心靈感應的經歷？

(8)是否曾在夢中找到解決問題的辦法？

(9)是否曾做成看似不可能卻做成的事？

(10)能否做到堅持己見，不隨波逐流？（前提是你認為那件事該這樣做，而不應那樣做。）

以上各題每問1分。肯定性答案5分以上者，有很強的直覺性；5分以下，2分以上者，往往不能抓住直覺；2分以下者，即使有直覺，也只能是荒廢的直覺。

語言是思維的表現。消極的思維決定消極的語言，消極的語言又體現你對待事物的態度。如此，創造力就被扼殺在那些不經意的習慣用語中。消極的習慣用語是對他人、對自己的創造力之否定。需要你改變的用語有——

——「那太花時間了！」這是懶人的藉口。

——「我們以前試過這個主意，不行！」這句話表明自己富有經驗，因而否定他人的創意。然而，你失敗的，別人不一定也會失敗。

——「它的代價太高！萬一失敗了，怎麼辦？」這是沒有信心的表現。沒幹之前先想到失敗，永遠不會成功。

——「它不像我們這裡的工作風格！」這是因循守舊、照章辦事的典型。

——「那決不可能！」以固有的經驗看問題的人，你不行，別人也不行嗎？

——「我沒時間！」缺乏闖勁，永遠給自己找藉口的人常說的口頭禪。

——「我不想再折騰！你的主意聽起來不錯……」缺乏團隊作戰精神，不僅影響自己，還影響到他人。

## 3 讓你的潛意識更有效率地工作

「潛意識是我們『心』的大海，它匯集著一切思想感情的涓涓細流，容納著各種心態觀念的百川江河。它是你形成新思想、新心態的源泉。」

那麼，你該怎樣開發它？

你要使大腦更聰明，更有智慧，更富於創造性，就必須做到事事留心。潛意識的信息儲存量越大，就越能很有效率地工作。

(1) 增強記憶力，對重要的信息重複看，重複學習。

(2) 建立必要的信息資料庫，如藏書、剪報、筆記、日記、電腦軟體等。

(3) 珍惜你的潛意識中原本積極的因素，並不斷輸入新而有利於積極成功的信息資料，使積極心態占據統治地位。做任何事之前，首要的是用積極的潛意識去認識它。

(4) 別讓消極的信息進入潛意識。你可以迴避它，也可以批判，分析，然後化腐朽為神奇。

# ch.4
# 不要讓進取心停止

○想成為傑出人物，除了永不停止進取心，你別無選擇。

●放遠你的眼光，就是進取。

# 1 進取心與成功者的氣質

拿破崙・希爾說：「進取心是一種極為難得的美德，它能驅使一個人在不被吩咐應該去做什麼事之前，就能主動地去做應該做的事。」

世上有四類人：（一）是永保進取心的人，即：主動去做應該做的事。前提是，別人沒有吩咐他。（二）是當別人告訴他該怎麼做時，他才去做。（三）是被別人從後面踢時，才去做。這類人往往抱怨運氣不佳，怨天尤人。（四）是根本不會去做他應該做的事；即使有人跑過來向他示範怎樣做，並留下來陪著它，他也不會去做。

——你屬於哪一種人呢？

## 1 成功者總是向前看

成功的最大敵人之一是——自滿。自滿使人意志消沉。許多人因為一點小小的成功而自鳴得意，不願再邁出一步。擁有一筆數量可觀的現金或一、兩個不錯的頭銜並不是真正的成功。真正的成功是永遠向前看的氣魄——永無止境的志向。

鋼鐵大王卡耐基15歲時便對他那9歲的小弟弟湯姆談論他的種種希望和志向。卡耐基後來確實成功了。到一八八一年，以他名字命名的卡耐基鋼鐵公司，年產量佔全美鋼鐵產量的七分之一。但卡耐基沒有自滿，他的目光更遠大。到一八九〇年，卡耐基兄弟吞併了狄克仙鋼鐵公司，一舉將資金擴充到二千五百萬美元，公司也隨之更名為美國鋼鐵企業集團。

## 2 大膽向前走，別回頭

「我從樓梯的最低一級盡力朝上看，看看自己能夠看得多高。」這句話是美國運輸大王考爾比在最初進入社會時所說的。

考爾比原是一個非常貧窮的人。他最初從紐約一步一步走到克利夫蘭，後來在湖濱南密執安鐵路公司總經理之下謀了一個秘書的職位。但是，他工作了一些時候，便覺得這份工作過於狹小，已不能滿足其遠大的志願。他覺得這個工作除了忠實、機械地幹之外，沒有什麼發展，也沒有什麼前途。他辭去了這個工作，另在赫約翰大使的手下謀得一個工作。赫約翰就是後來的國務卿兼美國駐英大使。

有不滿，才能進步。同時，要有眼光，才能取得更大的進步。但眼光又必須時時改進。考爾比說：「我最初走到克利夫蘭，原是想做一個普通水手——這原是源於一種兒童時代追求冒險和浪漫的想法。但結果我沒有當水手，而每日每時與美國最完美的一個理想人物相接觸。這是我的好運氣。」

如果你不滿意自己的現狀，那就說明你有追求上進的潛質——大膽地向前看，邁出你的步伐，你的心有多大，就能把事情做到多大。

## 3 放遠你的眼光，就是進取

是否具有遠大的眼光，它會決定是否會取得一個大成功的可能。試想，一個鼠目寸光的人，怎麼能成為一個偉大的領導者？

記住，我們只說是「可能」，而非具有遠見就一定能成功。如果你只是空想著成為個大人物，或是認為自己已經是個大人物，那麼，你便永無任何改進的機緣。

正確的作法是劃出自己的行動路線，從目前的地位起始，在中途豎立許多小目標。對最近的目標積極地付出努力，因為它可以在比較短的時間內實現。達到這個小目標後，再向下一個目標進發。最後的大目標距離很遠，恐怕只能隱約看見。但你要始終有一種達到山頂的強烈慾念。不要因為遙遠而放棄，最後的大目標是人生的指南針，它不會使你迷失路途。

## 4 貝爾發明電話的啟示

大成功者都是從小目標做起。貝爾發明電話並不是他最初的想法。他之所以發明電話，是因為他努力於另外一個不同的目標。

貝爾在一所啟聰學校做教員，在那裡和他的一個學生結了婚。幾年之後，他經過許多次實驗，想發明一種用電的工具，使他的妻子能夠聽見聲音，結果在不經意間發明了電話。這件事說明什麼？說明貝爾「瞎貓逮著死老鼠」，碰了個運氣嗎？不，不是！

從積極的角度看，是因為貝爾對眼前的問題能夠徹底研究。他並不是呆坐著夢想成為一個大發明家，而是專心工作，決意解決眼前的問題，是目標引發行動。

波士頓大學商科教務長羅爾德曾對畢業生說過這樣的話：「大學生每每容易碰到一種危險——分心於其他問題，而把眼前的問題疏忽了。年輕人有許多失敗就是導因於把眼前的職務看得太容易、太簡單，以為不值得用他全副的精力去幹。」

一個高目標不可掩蓋眼前的需要。當然，一個人曉得往何處去很重要，曉得自己與目標的距離也很重要。但須有一種確實的計畫，依著計畫，由現在的地位前進，以達到目的地。

——眼高手低的人，將一事無成。

## 5 高瞻才能遠矚

人生的意義，就是一個接一個實現自己的目標。

目標無止境，決定了成功者奮鬥無止境。

「目標是一種進行時的指南，不是最後固定的地點。」

你是否認為謀取一官半職，或擁有萬貫家產就高枕仰臥？果真如此，你就不可能成為一個偉大的成功者，你的生命將失去光輝的火焰。人生的意義在於做事，在於進步，閒坐著默想你的成就直到老死，實在是一個大錯誤。偉大的人物直到他完全精疲力竭了，才肯鬆手，不管他以往的成就如何。

人類的願望始於不滿足。高瞻遠矚正是不滿足的表現。不必怨天尤人，把不幸歸於別人或外部的環境，由此發洩不滿。應當讓不滿激發你，採取廣闊且高瞻遠矚的人生觀。

## 6 借用嘲笑的力量

嘲笑可以扼殺一個人的進取心，也可以更加促成一個人的進取心。不同之處就在於對待嘲笑的態度有別。

成功者善於借用嘲笑的力量，走得更高更遠。怯懦者害怕嘲笑，因而當流言四起時，他便偃旗息鼓了。

美國北卡羅萊納州大學的萊因博士談到他從前聽多伊爾先生演說的事時說：「按說，有些東西，我，作為一個學生，應當早就知道了。但直到我聽了他的演講以後，才開始認識到其中的一些東西。我所受的教育忽視了許多重要的東西，例如——求知的方法。」

他對尋找一種新的求知方法產生了興趣。他開始憎恨這樣一種制度——按照這種制度，探索任何形式、任何論點的真理都變成了一種戒律。他產生了一種熾烈的願望：科學地學習真理，學習運用人的心理力量。

萊因本來打算把他的一生奉獻給大學的教學工作，這時，為了實現理想，他決定改為從事研究工作。有人告誡他說，這會使他失去名譽、地位以及優厚的待遇；朋友和同事也都嘲笑他，並且力圖阻撓他。

他告訴一位身為科學家的朋友：「我必須為我自己進行探索。」

這位朋友答：「你要是發明了什麼，就留作自己用吧！沒有人會相信你的！」

在過去幾十年中，萊因博士面對輕視、嘲笑和不公正的評價，進行了各種研究與實驗，並最終在心靈學方面獲得偉大的成功，成為知名的心理學者。

康能議員第一次在美國眾議院演講時，被言詞犀利的新澤西州代表非爾卜斯中途譏諷了一句：「這位從伊利諾州來的先生恐怕口袋裡裝的是燕麥吧？」言外之意：他是個草包。

全院的人聞言哄堂大笑。但康能議員卻一點也沒生氣，說：

「我不僅口袋裡有燕麥，頭髮裡還藏著種子。我們西部人大都有這種鄉土味兒。不過，我們的種子是好的，能夠長出好苗來。」

康能因為這次的反駁而全國聞名，大家都稱他「伊利諾州的種子議員」。

## 7 承受一次打擊

有時要戰勝一種不適當的自滿心，唯一的方法是承受一次重大的打擊。

美國銷售大王司特里16歲時在一家大五金商號做店員。這正是他所希望的一個職位，他的前途顯然光明遠大。他努力工作，在各方面盡心學習，自己盼望著成為一個成功的五金銷售員。他以為自己是上進的，但他的上司並不這樣認為。

「我決定不用你了。你不會做生意！你到塞強鑄造廠去做一個工人吧！你那種蠻力，除了做那種工作之外，沒有什麼別的用途。」

對於年輕的司特里來說，這可是一個不小的打擊。自以為很用心工作的他，卻被老闆炒了魷魚。但司特里並不因此消沉、灰心失望地前去鑄造廠當一名工人。恰恰相反，他嚴肅地對他的老闆說：「你可以辭退我，但你不能削弱我的志氣。有一天，如果我還活著，我也要開一家像你這樣大的五金店。」

司特里從此發憤工作，始終用那次打擊鞭策自己，直到他成為全美國最大的五金製品商之一。如果沒有遭受那次打擊，他恐怕永遠只是一個平庸的銷售員而已。

## 8 在接受別人的批評中上進

「硬頭皮的人總是那些思想簡單、智力有限的人。」別人的批評是極其可貴的，可以顯示出你正處於什麼地位。但切記，不可在那個地位停著不動。別人批評的時候，要欣然接受，並作為你前進的嚮導，不可作為你失敗的遁詞。

美國救生圈公司的負責人查理・皮茲不得不開除一個很有希望的年輕高級職員，因為他不能接受別人的批評。這個年輕人是從學徒工被提升起來的，原因是才幹好，且受人歡迎。按理，從學徒工到公司工程審計部的主任，他應當知道自己創業的艱辛，應當知道自己怎樣才能更取悅他人，然而，他卻不能接受別人一次小小的批評，使自己的前程毀於一旦。

有一次，一個速記員查出他估算中算錯了兩千元。於是，把詳情呈報上去。後來，這件事傳到皮茲那兒。這位年輕的審計部主任聽了皮茲的查問後，勃然大怒：「那個速記員不應該查問我的核算！」他氣憤地說：「他也不應該提出來！」

「但是，你承認你的核算錯了，是不是？」皮茲問他。

「是的。」他說。

「但你認為速記員不應報告，而公司應當承受損失，以免有傷你的尊嚴嗎？」

這位年輕的主任不說話了。

皮茲便規勸他，說他如果再這樣做，就很難成為一個幹大事的人。之後，這件事漸漸在大家的腦海中消失。大約過了一年，這個年輕的主任報上去一個美國中西部某項工作的兩萬元估價方案。其上司仔細審核他的預算，覺得這數目應當再加一倍。這事又呈到皮茲的面前了。然而，沒有想到這位年輕的審計主任竟然當面對他說：「我曉得你是怎麼想的！你是想用這項工程陷害我。你上次恨我，於是這次特別請了工程師核算，故意打擊我。我的計算是對的，你在蔑視我的能力。」

皮茲回答：「那好！你自己請幾個工程師計算一下，看看誰對誰錯。」

最後，他承認是自己算錯了。

皮茲這回說：「現在我們只能各走各的路了，因為你不能接受公正的批評。」

這個年輕人的態度確實要不得——他把自己的任何錯處都歸咎於別人，以為別人有意與自己過不去，並時時刻刻認為自己是完美無缺的。如果我們已是完美無缺的，便不必再求什麼進取了。「一個人一旦有了自我完美的觀念，他在世上將無任何地位可言。」

千萬記住：別自以為是！虛心接受他人的批評才能進取。

# 2 進取心專修班

## 1 做個不拖延的人

如果你想成為一個具備進取心的人，就必須克服拖延的習慣，把它從你的個性中除掉。這種——「把你應該在上星期、去年或甚至於十幾年前就要做的事拖到明天做的習慣正在啃噬你意志中的重要部分。除非你革除了這種壞習慣，你將難以取得任何成就。」

你是否具有拖延的壞習慣？請做下列自測題——

選題要求：每題只選一項答案，在a、b、c、d上劃勾即可。

a——很符合自己的情況
b——比較符合自己的情況
c——介於符合與不符合之間
d——不符合自己的情況

(1) 你經常給自己訂計畫，但往往由於主觀原因，不能如期完成。 a b c d

(2) 你每天早上醒來之後，總想在被窩裡多待一會，睡個回籠覺。 a b c d

(3) 你的作息沒什麼規律性，經常隨自己的情緒而變化。 a b c d

(4) 你信奉「謀事在人，成事在天」的信條，不強求成功。 a b c d

(5) 你做事從不著急，能完成則完成，完成不了也無妨，反正有的是時間。 a b c d

(6) 有時你躺在床上，下決心第二天一定幹一件很重要的事，但到第二天，這種勁頭又消失了。 a b c d

(7) 當學習和娛樂發生衝突時，你總是找藉口再多玩一會兒。 a b c d

(8) 你相信機遇。很多事實證明，機遇的作用有時大大超過個人的努力。 a b c d

(9) 生活中遇到難題時，你常常拿不定主意，或請求他人幫助。 a b c d

(10) 你辦事的原則是揀容易的先做，難的能拖則拖，實在不能拖時，就趕時間湊數應付了事。 a b c d

(11) 答應朋友的事，總因為主觀原因，不能及時辦理。 a b c d

(12) 該辦的事沒有及時辦成時，總能給自己找藉口原諒自己。 a b c d

——以上每項選題，選a得2分，b得3分，c得4分，d得5分。

12道題的總得分如果在50分以上，說明你沒有拖延的壞習慣；40～50分，說明你有拖延的傾向；30～40分，說明你有嚴重的拖延習慣；30以下，說明你完全是個好拖延的人。

通過自我測試，你已經了解了你是個什麼樣的人。即使處於最後一刻，也不要著急，通過以下的建議方法，你完全可以克服拖延的壞習慣。

記住：每天從事一件明確的工作，而且不必等別人指示，就主動去完成。它可以是你喜愛的工作，如及時完成你腦海中構思的一幅畫、一首詩、一篇文章；及時主動完成你份內的工作，如製作一張預算圖表，填寫客戶名單，清理帳面結存等。

另外，要尋找機會，每天至少找出一件對他人有價值的事情做，而且不要期望一定獲得報酬。如幫你的上司分整信件、接電話、主動加班等。出現拖延的念頭時，在心裡對自己大喊三聲：「立即行動！我不願做個一事無成的人。」

總之，不要為自己找藉口。當消極的自我找藉口時，不妨內心責怪自己：「沒出息！只有最無能的人才自我安慰。」——然後，咬牙挺身，立即行動。

這個方法特別管用，你不妨試一試。注意，一定要為自己加油、喝彩。

## 2 進取心實驗

【要求】用「談話進取、思想進取、吃飯進取、睡覺進取以及做事進取」的原則去影響你周圍的人。

【達成效果】你將成為一個具有進取心及領導才能的人。

【理論基礎】謊言說百遍即成真理。一個人為了使別人能夠相信他，一直重覆一件事，最後他自己也會相信這種說法。而且，不管這種說法是真是假，都會產生相同的效果。

【第一步】從你認識的人當中挑選出幾個人來，但這些人必須是你已經確實知道，他們從未主動做過任何事。

【第二步】一有機會，就和他們討論有關進取心的話題。每一次從各種不同的角度進行討論；可引經據典。

【第三步】你必須身體力行，做到言行一致。如果你能以一種機敏而持之以恆的態度進行這項實驗，你很快會發現，你所選擇的實驗對象已經有所變化；最重要的是你自己也發生了變化——這是因為你運用自我暗示原則向他人提出的每一種進取性話題在你的潛意識中留下的深刻印象起了作用。

進行實驗之前，不要告訴你的實驗對象你要幹什麼，也用不著解釋你為什麼這樣做。一切在暗中進行即可。當然，你自己要明白，你之所以這樣做，是因為對你有所幫助，而且對你影響下的人來說，也是有百利而無一害。

## 3 飛揚你的夢想

由夢想而知現狀。夢想與現狀的反差會造成強烈的不滿。一個滿足於現狀的人不會有夢想（包括理想），而一個無夢想之人，終究不會有所成就。

自測你有無夢想——

要求：每項選題只選一個答案，在每題後的a、b、c、d中打「勾」即可。

a——符合自己的情況

b——比較符合自己的情況

c——有時符合，有時不符合

d——不符合自己的情況

(1)「比上不足，比下有餘」，你對自己的處境很滿意，不再改善。 a b c d

(2)認為「夢想」是空中樓閣，作白日夢，根本不可能實現。 a b c d

(3)對他人的成功很嫉妒，但自己又不努力。 a b c d

(4)認為「貧富貴賤」是命中注定，該怎麼樣就怎麼樣。 a b c d

(5)很想改變自己，但又認為自己能力有限，還是安分守己的好。 a b c d

(6)想好了一個可以改變自己處境的主意，但又害怕擔風險。 a b c d

(7)你不願更換工作環境，儘管你的工薪很低，但你戀舊，怕折騰。 a b c d

(8)信奉「平平淡淡最有味」的格言，不願大起大落。 a b c d

(9)你是否經常幻想擁有自己的高級住房與汽車。 a b c d

(10)你認為你目前的成就已經夠了，用不著再努力。 a b c d

——選a得1分，選b得2分，選c得3分，選d得4分。

總分如果在36分以上，說明你很不滿足於現狀，願意進取；24～36分，說明你對現狀較為不滿，並願意改善；16～24分，說明你滿意現狀；16分以下，說明你完全滿意現狀，不願做任何進取。

經過自測，你也許已經知道你是一個不滿足現狀的人了。但光不滿足還不行，重要的是化不滿足為前進的動力。那麼，如何才能做到這一步呢？

要求自己上進的第一步就是絕不留在現有的地位。突破現狀，才能進步。

(1)經常拿現在的自己和你想成為的自己做比較，以差距求動力。

(2)設立許多小目標，先從實現小目標做起，小成功能引發大成功。

(3)徹底解決眼前的問題。有時候，徹底解決一個問題，可以引出意外的結果。貝爾發明電話就是一例。

另外，要多結交一些積極上進的朋友。

要記住，好朋友是你人生的一部分，就從他們身上找到你追求進取的動力吧！

## 4 笑納批評

笑納批評不是一件容易的事，它需要常人一般所不能承受的勇氣與素質。這也是真正優秀的人物鳳毛麟角的原因所在。

當別人批評或譏諷輕慢你時，你一定要做到：不從批評的聲浪中逃走。批評就好像一隻狗，狗看見你怕牠，便愈會追趕你，恐嚇你。但如你回轉頭微笑地看著牠，狗狂吠幾聲便會停下來，甚至會搖著尾巴，讓你撫摸。

正面迎擊對你的批評，不要害怕，更不要在批評聲中喪失你的信心。朋友的批評往往真實而單純，你一定要接受它。

「正確的批評往往強於過分的讚揚。」

——批評使人警覺，讚譽只能使人飄飄然，忘乎所以。

有人害怕批評，尤其是朋友的批評。為什麼害怕？就因為朋友的批評乃是事實。越真實的批評，越能使人知羞知恥。「知恥（或知不足）而後進。」這是批評之所以可貴之處。

(1)接受批評時，不可臉皮太薄，太薄就承受不起；也不可太厚，太厚就會嘻嘻哈哈，一笑了之——要做到薄厚平衡。

(2)接受朋友過激的批評時，不要慍怒於色，更不能勃然大惱。否則，你的朋友將會永遠隱藏你在他眼中的缺點與不足。

接受敵人的批評或攻擊，會更加促使你糾正不足之處，使自己更加完善，無懈可擊。「正確地利用敵人的批評是改進自己行為的一種指南。」

(1)以客觀的態度衡量敵人的批評，不要衡量其究竟傷害你到什麼程度，或是他們批評你的動機究竟如何。

(2)利用敵人的批評看清自己的行為，看出你究竟是對還是錯。錯了，修正過來；如果你本來是對的，便不必牽掛他（們）的批評而惶惶不安。

拿破崙・希爾說：「如果你的仇敵能指出一條路，打破你的自負心，使你改進，那他實在是幫上了你的大忙。」

# ch.5
# 熱忱法則

○價值產生信心，信心產生熱忱，

●有了熱忱則可以征服世界。

# 1 熱忱原理

卡耐基的座右銘並不是什麼豪言壯語，而是有關熱忱的一首詩——

你有信仰就年輕，疑惑就年老；
你有自信就年輕，畏懼就年老；
你有希望就年輕，絕望就年老；
歲月使你皮膚起皺，但失去了熱忱，就損傷了靈魂。

那麼，什麼是熱忱？熱忱是一種積極的意識狀態，能夠鼓舞及激勵一個人對自己手中的工作採取行動。熱忱具有強烈的感染性。熱忱是你邁向成功之路的指標。對任何工作都抱持熱忱態度的人，就會成功。

「有史以來，沒有任何一件偉大的事業不是因為熱忱而成功的。」——愛默生的這句名言並非是空洞的，它切切實實地告訴你——認識熱忱、培養熱忱、運用熱忱，如此，你才能成功。

## 1 熱忱是一種偉大的力量

「若想成為人群中的一股力量，便須培養熱忱。人們會因你擁有熱忱而更喜歡你，你也得以逃離枯燥不變的機械式生活。因為人類的生活就是這樣，把靈魂放入工作，你不僅會發現每天中的每小時都變得更愉快，而且會發現人們都相信你，恰如我們接觸到發電機時相信電那樣。」——物理學者歐登．阿摩爾。

你可以用熱忱這股偉大的力量補充你身體的精力，也可以用它塑造你迷人的個性。一個凡事充滿熱忱的人，走到哪兒，哪兒就會充滿朝氣。

真正的熱忱能帶領你邁向成功。如果你的熱忱是一種虛偽的假相，或出於貪婪與自私的目的，即便成功，也只能是曇花一現。

你應當牢記「熱忱地幫助他人往上爬的人才，能爬得最高」這句名言。拋棄我們的自私與貪慾，真誠地幫助他人，就能夠做到真誠而單純的熱忱。但是，對大多數芸芸眾生來說，要根除自私與貪慾是不可能的。正因為如此，世界上的成功者才更加令人欽佩。如果你是一個意志堅強、志向遠大的人，那麼你不必沮喪，你可以憑你堅強的意志，控制自私的慾念：你工作不光是為了你自己，而是為了他人。把工作的目標從自己身上轉移到他人，你的慾念首先會變得單純起來，繼而培養起來的熱忱也就單純而真誠。

## 2 百萬美元擦鞋的故事

熱忱具有強烈的感染力。如果你是一位營銷部門主管，首要任務就是用熱忱的感染力激發你的銷售人員對推銷業充滿熱忱。

請看百萬美元擦鞋的故事——

「國家收銀機公司」的銷售經理休斯·詹姆斯曾成功地運用熱忱激勵法，使幾十位銷售員重新振作起來。詹姆斯任職期間，公司的財政發生困難，影響了推銷人員工作的熱忱，銷售量大幅下跌。不得已，詹姆斯召集全美各地的銷售員參加一次特別的銷售大會。

詹姆斯首先讓手下的幾位最佳銷售員站起來，要他們說明銷售量為何下跌。有的說經濟不景氣，資金蕭條；有的說大環境不行，人們都希望等到總統大選揭曉之後再買東西等……當第五個銷售員開始列舉困難時，詹姆斯突然跳到一張桌子上，高舉雙手，要大家肅靜。然後他說道：「停止！我命令大家暫停10分鐘，讓我把我的皮鞋擦亮。」他叫外頭的一名小黑人擦鞋工把他的擦鞋工具箱拿過來，並要他替他把鞋擦亮。在場的銷售人員開始竊竊私語起來。他們認為他瘋了。

小黑人充滿熱忱地給詹姆斯擦著鞋，表現出第一流的擦鞋技巧。全神貫注在他面前，似乎只有這雙鞋，別的什麼都不存在。

皮鞋擦完後，詹姆斯給那位擦鞋工付了報酬，然後開始演講：

「我希望你們每個人好好看看這位小黑人工友。他擁有在我們整個工廠及辦公室內擦皮鞋的特權。他的前任是位白人小男孩，年紀比他大得多，儘管公司每周貼他5元薪水，而且工廠裡有數千名員工，但他仍然無法從這家公司賺取足以維護他生活的費用

「這個黑人男孩卻可以取得相當不錯的收入——既不需要公司補貼薪水，每周還可以存下一點錢。他和前任的工作環境完全相同，工作對象也完全相同。那麼，我現在問你們一個問題：那個白人男孩拉不到更多生意是誰的錯？是他的錯，還是顧客的錯？」

那些推銷員不約而同地答道：「那個小男孩自己的錯。」

「正是如此！」詹姆斯說：「現在我要告訴你們，你們現在推銷收銀機和一年

前的情況完全相同：同樣的地區，同樣的對象，還有同樣的商業條件。但是，你們的銷售成績卻比不上一年前。這是誰的錯？是顧客的錯？還是你們的錯？」

「我們的錯。」所有銷售員又齊聲說。

詹姆斯向他的銷售人員分析了他們的錯誤在於：聽信謠言，喪失熱忱。

「我們要求你們回到自己的銷售區，並保證以高度的熱忱面對每一個顧客。每人每個月若賣出5台收銀機，公司還可能有財政危機嗎？我們要善於解決問題，而不能製造問題。」

銷售人員理解了詹姆斯的意圖，並樂意接受他的「熱忱原則」建議。結果他們都辦到了，為公司賺回一百萬美元。

## 3 天才與熱忱

班傑明・狄斯雷里說過這樣一句話：「每個天才的產生必是出於熱忱。」

天才發明家愛迪生有一次到納稅機關納稅時，正用全副腦力思索一個重大的科學問題。去納稅的人極多，排得像一條長蛇，等輪到他，他竟說不出自己的名字，雖竭力思索了一陣子，無奈已忘得一乾二淨。結果還是他的鄰居告訴他，他才知道自己的名字叫做湯瑪斯・愛迪生。

愛迪生對工作的熱忱與執著於此可見一班。他常常通宵達旦地做實驗。有一天早晨，僕人送來早點。他正伏案打盹，僕人不敢驚動他。這時，他的助手已吃完早餐，趁著片刻的休閒，存心愚弄他一次。他們把空碟子放在愛迪生面前。等他醒來，看見這些空碟子、喝乾了的咖啡杯子和滿桌子的麵包屑，想了想說：「噢！我已經吃過早餐了。」於是，他伸個懶腰，照例工作起來。

諾貝爾物理獎的獲得者愛德華・亞皮爾頓說：「一個人想在科學研究上有所成就，熱忱的態度遠比專門知識來得重要。」

## 4 熱忱與潛能

法蘭克・派特一九〇七年轉入棒球界。起初他興致勃勃，想成為明星，不久卻被開除了，原因是他動作無力，跑步慢吞吞。派特遭到有生以來最大的打擊。他永遠忘不了球隊經理說的話：「法蘭克，無論你到哪裡，做什麼事，若不提起精神，就永遠不會有出路。」

派特離開那個球隊後，經朋友推薦，又到另一個球隊打球。對派特來說，那是他一生的最佳轉折點。他決定全身心投入，變成新英格蘭最具熱忱的球員。

他一上場，全身就像充了電，強力地傳出高速球，使接球的雙手都麻木了。

派特說：「有一次，我以強烈的氣勢衝入三壘。那位三壘手嚇呆了，球漏接，我就盜壘成功了。當時氣溫高達華氏一百度，我在球場上跑來跑去，極有可能會倒下去的。」

這種熱忱的力量。不僅使他克服了恐懼，還激發了他的奔跑潛能與氣勢。由於他的熱忱，其他隊員也跟著熱忱起來，全隊像瘋了一樣，精彩的場面一個接一個。

第二天的報紙說：「那位新加入的派特無異是一個霹靂球，全隊的人受到他的影響，都充滿了活力。他們不但贏了，而且打出本季最精彩的一場比賽。」

熱忱對每個人都能產生驚人的效果。如果你運用你的熱忱於工作，你就會有驚人的發現：「哇——原來我也行！」

# 2 熱忱的養成

## 1 深入了解每個問題

深入透徹地了解你所遇到的每個問題，可以增加你認識世界的興趣。「在任何行業中，走向成功的第一步是對它產生興趣。」

拿破崙・希爾曾說，他對現代畫一直沒有好感，認為它只是由許多亂七八糟的線條構成的圖畫。直到經一個內行朋友開導，他才恍然大悟：「說實在的，有了進一步的了解之後，才發現它真的那麼有趣，那麼吸引人。」

(1) 想要對你身邊的什麼事生發熱心，先要學習更多你目前尚不熱心的事。如你想要開電腦公司，就先要了解有關電腦的知識，學會並熟練地操作電腦，了解未來世界電腦的趨勢等等你曾經並不熱心的事。

(2) 當你決定做某件事時，強迫你自己深入了解該事本身以及與它相關的事。了解得越多，越容易培養興趣。

## 2 在溝通能力中培養熱忱

在溝通之中，人們彼此觀察著對手的態度、行為、眼神，以做出善惡或強弱的判斷。留給他人第一印象好的人，往往能在言談舉止上體現他的熱情。你應該抓住所有與他人溝通的機會，培養你熱情的習慣。

熱情而有力的握手。握手時面帶微笑，看著對方說：「很榮幸認識你！」、「很高興見到你！」——不要顯得中氣不足，無精打采。

恰當、自然的微笑。不要誇張地大聲「哈哈」。那是典型的乾笑。微笑時要讓你的眼睛也「微笑」——發自內心的微笑會從眼睛透出來。

禮貌、自信且生動的語言。你說「早安」時是不是讓人覺得很舒服？說「恭喜你」時是不是出於真心？說「你好嗎」時是不是讓人很受用？說話時能自然滲入真誠的情感，就擁有引人注意的能力。

自信有力的話語不僅能振奮自己，而且能振奮他人。

## 3 傳播好消息

傳播好的消息遠比傳播壞的消息有價值得多。好消息於人於己都有益。

你肯定有過這樣的經歷——

當你正專心於幹某件事，有人跑來告訴你一個好消息，「今年的年終獎金一個人有三個月唷！」或者告訴你，「你被錄取了！」你參加的升等考試通過了。你肯定會興奮起來，繼而這種興奮的狀態會保持很長一段時間，你再回頭做事時，就自然會覺得興致勃勃了。

記住，千萬不要做消極言論或壞消息的發布人。生活中那些搬弄是非、散布壞消息的人沒有一個能得到朋友的歡迎，他們也將一事無成。有人說：「你之所以成為長舌婦，就是你說了一些你不該說的事。」

把你所知道的好消息告訴你的同事，讓你們共同高興起來。

「一份快樂與人分享，會變成兩份快樂。」

把好消息帶給你的家人，讓你的全家處在和諧與愉快之中。

傳播好消息時，儘量做到只討論有趣的事，拋開不愉快的事。

傳播好消息時，首先你自己要精神飽滿，喜悅溢於言表。使你一點也高興不起來的「好消息」，恐怕根本就不是什麼「好消息」。

## 4 強迫自己採取熱忱的態度

當你失去耐心或興致時，不妨強迫己採取熱忱的行動。

一位名叫史坦·諾瓦克的人在對待他兒子的態度上採取了熱忱的方式，終於收到了意想不到的效果。

諾瓦克的小兒子不願去幼稚園，又哭又叫，猛踢房門，表示抗議。按諾瓦克平時的作風，他會哄上幾聲，然後嚴厲地告訴兒子：「你最好還是乖乖去幼稚園，否則打屁股！」他知道這種作法並不能使兒子歡歡喜喜地上學去，於是他開始運用剛剛學到的熱忱原則。

首先他設想：如果自己是一個小孩子，怎樣才樂意去幼稚園呢？除非幼稚園有許多有趣的事。比如，畫畫、小朋友手拉手唱歌、跳舞等。想到這些，他就和太太在飯廳桌子上畫起畫來。他的兒子停止了哭鬧，也參與進來，覺得很有趣，並要求他也要畫。「不行！你得先上幼稚園去學怎樣畫。」諾瓦克鼓起全部的熱忱，告訴兒子在幼稚園能得到的許許多多的樂趣。兒子出神地聽著，似乎在想像他在幼稚園中將會做哪些有趣的事……

第二天早晨，諾瓦克起床後，發現兒子坐在客廳的椅子上睡著了。

「你怎麼睡在這兒呢？」

「我等著去上幼稚園，我不要遲到。」兒子揉揉眼睛回答道。

諾瓦克因採取熱忱的方式，達到了威脅或責罵所不能達到的目的。

在你的生活中，不妨對你所從事但已逐步失去熱情的事，強迫採取熱忱。

熱忱是一種良好的習慣，可以培養。

強迫採取熱忱，是養成熱忱習慣的必要開端。

## 5 熱愛生活

熱愛生活的人才會產生熱忱。一個對生活都失去信心的人，熱忱要從何談起？生活慾望強的人，他所表現的熱忱也愈強。「熱忱是指一種熱情的精神特質深入人的內心，是一種抑制的興奮。」如果你的內心充滿對生活的熱望，你的熱情就會從你的眼睛、面孔、靈魂以及你整個為人方面輻射出來。你的精神振奮，你的振奮也會鼓舞他人。

熱愛生活，涉及面很廣，包括熱愛你的身體，熱愛你的工作，熱愛你的親朋好友以及周遭人物等。

那麼，怎樣才能熱愛生活呢？

學會熱愛組成你生活的每一個細節！

熱愛你的身體，身體是你的立命之本。身體健康，人才能熱忱，這樣的熱忱才最具有感染力。一個病懨懨的身體所表現出的熱忱也是病懨懨的。很多成功的推銷員、商界高層人物，培養熱忱時都先從熱愛自己的身體開始。他們每天一早起來就做體能活動，一方面增進他們的健康，一方面提高他們一天活動的精力與熱忱。

熱愛你的親朋好友，可以使你獲得難能可貴的友誼。「友誼是我們哀傷時的緩和劑，激情時的舒解劑，是我們壓力的流洩口，災難時的庇護所，是我們猶疑時的商議者，是我們腦子的清新劑，思想的散放口，也是我們沉思的鍛鍊和改進之道。」ＮＢＡ藍球好手——傑里米・泰勒。

熱愛你的工作，可以培養出你的高度熱忱。《米老鼠》的創始人華德・迪士尼就是那種具有瘋狂工作熱情的人。他常常一個人自己畫畫，還擔任配音，並且每周去動物園研究動物們的動作及叫聲。憑著對一個「小米老鼠」的極大熱忱，使他在三十多歲時，從不名一文的窮小子變為家喻戶曉的大人物。在新版的《美國名人錄》中，迪士尼的名字與世界第一流人物並列，並且佔用了比名政治家更大的版面與篇幅。迪士尼的經驗之談是——所有的成功都在於熱誠地工作。

如果你因情況特殊，目前無法從事你最喜歡的工作，不妨先從你手邊的事開始，而把你將來想從事的最喜歡的工作當作你確定不移的目標。眼前的事，只是為了將來能更好地實現你的目標。如此，你就可以培養對任何工作的熱忱。

## 6 通過反省，培養熱忱

不要讓陰暗的心理抑制了你的熱忱；你要學會自己反省。「若一個人的思想被遲鈍、有害的各種病態心理佔據著，熱情就缺乏生長和生存的土壤。」

一個曾經被自卑、焦慮的病態心理折磨得幾乎對自己的事業絕望的人，經過一場自我的心理暗示與戰鬥，終於恢復了熱忱，使自己的事業明顯有了起色。

他說：「一個人若想要直面他的人生，首先要去做一件了不起的事：改造自我。喚起自己對生活、對每一件與自己相關聯的事之熱情，學會對每個人、每件事都做出熱心的樣子，並熱心去做每件事，讓熱情貫穿自己的生活。這樣，才不至於讓沮喪、煩惱佔據你的心。」

改變對人生、對事物、對他人、對自己的態度——積極向上，充滿熱忱。經常說：「我很幸福！」、「今天我會很幸運，我將盡全力去做，爭取每一次機會！」、「我的努力可以換得我的快樂與充實！」

儘量抹去不愉快或挫折在你心中留下的陰影，多想一想積極有趣的事——如好的消息，你曾經歷過的成功、甜蜜的愛情等。

## 7 以魔鬼訓練法增強熱忱

魔鬼訓練法就是運用希望法則激發你的心理潛能，既能獲得成功，也能獲得熱忱。「希望」具有激發人產生動機並付諸行動的魔力，「希望」是預期將獲得所想要的事物的慾望加上可以得到它的信心。

美國總統林肯在競選總統之前曾失敗過8次，但他憑著堅決的意志，並將滿腔的熱忱灌入自己的希望，52歲那年，終於登上總統的寶座。

心理學家威廉・瓦特說：「感情並不是立即就能受理智支配的，不過，它們總是受行動的立即支配。」這就是說，當你有積極的思想時，就要馬上行動。希望的念頭產生時，行動的熱忱必須立即跟上。行動是思想的凝結器，一旦行動，思想就會成為事實。

正確地面對失敗不僅為了再度奮起，還能使你的熱忱恢復並高漲，你的行動才能堅定有力，你希望的目標才能實現。如何面對失敗，詳見第七章「直面失敗」。

向自我挑戰，就是用積極心態戰勝消極心態，讓積極的自我居於幕前，消極的自我永遠退到幕後。自我挑戰，需要勇氣。勇氣本身就是一種熱忱。

拿破崙・希爾說：「向自己挑戰，每做一件事，盡你所能，表現得比你上一次更好、更快，你就會成為你這一行的佼佼者。」

對成果不滿意，不「知足常樂」。否定才能有所肯定，才能走向更高的目標

不要賺上十幾萬就沾沾自喜，躺在「成功的溫床」上滋養驕逸的惡習。

要知道，擁有一筆金錢，並不意味著成功。

成功是一種價值或理想的實現，和熱忱對待人生習慣的養成。

否定之否定，能使你始終保持高昂的熱忱和精神，直面生活。

每個人的思想都存在消極的一面，比如消極的感覺、感情、情慾、習慣、信念、成見等。這些因素共同組成「心靈上的蛛網」，它們或大或小，或強或弱，往往使你在決心做一件事時糾纏你，干擾你。當然，這類心靈的蛛網並非不能清除。只要克服惰性，你心靈的蛛網就可清除。

ch.6

# 學會專注

○凡事專注，必能成功。

●缺乏專注，就不能應付生活。

# 1 專注的力量

成功離不開專注；生活離不開專注；我們的大腦思維也離不開專注。沒有專注，我們的精神將渙散一片；沒有專注，所有的熱情、目標都將是空中樓閣。不專注，你就不是一個好學生；不專注，你就不是一個好的上班族。

懂得攀登懸崖峭壁的人從不左顧右盼，更不會向腳下望上一眼，他們只是聚精會神地觀察著眼前向上延伸的石壁，尋找下一個最牢固的支撐點，摸索通向巔峰的最佳路線。

同樣的辦法，在你做事之前，不要把注意力放在你面前的整個任務上，最好是將所有注意力集中到先如何做好第一步，然後再走第二步，第三步。

最好的戒菸方法是「一小時又一小時」堅持下去。這種方法比其它方法都好。不需要戒菸者信誓旦旦，說「一年之內」不抽菸，「永遠」不抽菸，只要求他們能做到「一小時內」不抽菸，然後是「另一個小時內」不抽菸。

注意力集中到一個小時上，要比集中到一年上有效且容易得多。

美國作家西華就是用這種專注法完成了一部部書稿與廣播劇的。

「當我開始寫一本25萬字的書時，心一直定不下。我差點放棄一直引以為榮的教授尊嚴；也就是說，幾乎不想幹了。最後我強迫自己集中精力只去想下一個段落怎麼寫，而不是下一頁，當然更不是下一章。整整六個月時間，我除了一段一段不停地寫以外，什麼事也不做。結果居然寫成了。幾年前，我接了一件每天寫一個廣播據本的差事，到目前為止一共寫了兩千個。如果當時簽一張『寫作兩千個劇本』的合約，一定會被這個龐大的數目嚇倒，甚至把它推掉。好在只是寫一個劇本，接著又寫另一個。」

專注有著不可思議的神奇力量。歷史上所有的成功人士都是經由專注的神奇力量發展起來的。拿破崙•希爾說：「專注是成功的神奇之鑰，它將打開通往財富之門，打開通往榮譽之門；在很多情況下，它還將打開通往健康之門。」

慾望是構成「專注」的主要因素；慾望促使人行動。

成功慾強的人，其專注程度就大。

你的慾望是什麼？你將為它傾注的熱忱與專注有多大？請你拿出一張紙。當然，在你做這項測驗前，你必須做到以下兩點——

一、放棄疑惑。對任何事都把持疑惑態度的人必然幹不了大事，當然也完成不了這張測試紙。放下包袱，權當玩一回。能做到嗎？

二、假設你將成為最成功的企業家、作家、演說家或更多你想要的頭銜。

現在我們假設你夢想成為一位商業鉅子，請在準備的紙上寫出以下的內容——

(1)你要成為一個非常優秀的商業鉅子，因為這可以使你對這個世界提供必要的服務，也可以使你得到豐厚的經濟收入，獲得生活物質必需品。

(2)每天就寢及起床後，花10分鐘把你的思想集中在這項願望上，以決定如何行動，才能夢想成真。

(3)絕不允許有任何事妨礙自己成為最優秀的商業鉅子。要克服一切困難。

(4)簽名，寫上日期。

——這張測試紙就是你的行動誓言。

每天都堅持按所寫的誓言行動，直到獲得結果為止。

當你專心致志地集中你的思想時，再運用想像——與你的誓言內容有關的想像，假想5年或10年後，你已成為最優秀的企業人才，有相當不錯的收入，擁有自己的車子、房子，還有相當數量的存款。把這個「夢想」當成你專注的目標，看看會發生什麼結果。

美國青年彼特最大的夢想是擁有一輛豪華賓士汽車。一天，他在街上看到一輛他理想中的賓士，羨慕地看了半天，最後讓朋友幫他拍了照——他站在那輛車旁，彷彿那已是他的了。

回到家後，他把照片洗成門扇那麼大，掛到洗手間門後。這樣他可以每天早晨盯著那張照片想10分鐘，激勵自己：「我一定要擁有那樣一輛真正屬於我的車！」然後，他信心百倍地去工作。一年後，他終於實現了自己的夢想。

不要低估「專注」的神奇力量，只要你相信自己辦得到，就能夠辦得到。給你自己做出一張測試紙，用一年時間試試看。

思考時必須集中注意力，即必須專注。如果心神不定，心猿意馬，就找不準真正的思維焦點，命運也會紛亂起來。心平氣和的專注是非常必要的。

「適當的孤寂能夠讓人集中思想，激活自我研究、自我思維的能力。」

拿破崙・希爾的一位朋友用「專注」改善了自己的處境。他思考事情時，總是不能集中精力，以致忘了參加公司一個重要的主管會議，進口商品時又犯了不該犯的錯誤，把型號弄錯了。

「對於這種情況，我真是驚訝萬分。於是我請了一個星期的假，希望把這種情形好好想一想。我在一處偏遠山區的度假別墅內嚴肅地反省了幾天：我之所以不能很好地工作，是因為我的『專注』力不夠，以致我在辦公室裡變得散漫而抓不準目的；我做事漫不經心，懶懶散散，粗心大意。」

查到「症狀」後，他就尋求補救之道：

「我拿出紙筆，寫下我一天的工作計畫。首先，處理早上的信件；然後，填寫表格，口授信件，召集部屬開會，處理各項工作。另外，每天下班之前，先把辦公桌收拾乾淨，然後離開辦公室。」

回到公司，他立即把他的新工作計畫付諸實施。每天以同樣的興趣從事相同的工作，而且盡可能在每天的同一時間內進行相同的工作。「當我發現我的思想又開始想到別處時，立刻把它叫回來。」

「專注」本身並沒有什麼神奇，只是控制你的注意力而已。一個人只要集中注意力，就能進行具體而詳實的思考。

思想集中的人，能夠爭取每一種可能性。

# 2 怎樣讓頭腦冷靜下來

「讓你的頭腦冷靜下來，你將會發現內在的控制力和能力。」

頭腦冷靜有利於專注。也許你在做一件事時，大腦裡還想著另一件事。你的注意力不可能完全集中到此時此刻所發生的事上。因為人的大腦每時每刻都在進行交談，有著各種的意識流。此刻你的頭腦裡想些什麼？是不是全神貫注，在閱讀這本書？是暫時集中，還是旋即思維又野馬脫繮了？那麼，有沒有可能將你的思維固定到你所從事的事情上？答案是肯定的。

## 1 消除頭腦中分散注意力及產生壓力的想法

分散注意力和產生壓力的想法，比如害怕、擔心、消極、緊張等，會使你難以集中注意力，從而產生錯誤的觀念，採取錯誤的行動，以致無法幹好工作。

我們最大的毛病就是常常以為自己是被注意的中心。事實並非如此。當你穿一身新衣或換了個新髮型，總覺得不自在，好像有許多眼睛在注意你，使你說話、走路、看書、思緒或與他人交談，都不能集中注意力。其實這全是你的臆想所導致。別人或許也正和你一樣，以為自己正受他人注意呢！如果確實有人注意你，那大概是因為你可笑的舉止，而不是你的新衣服或新髮型吧！

不要想自己。人之所以會分散注意力或產生壓力，完全是自我感覺起作用。假設你是演說家，為了完美的演出，這時你只要想著你所說的，以及你的聽眾，而不要想你自己。如果你做一件工作時只想到你的工作，就不會想到自己。

一個十分專心於工作之人，你絕不能使他感覺到不安，因為他幾乎無視你的存在。假如你工作時感到不安，最好的辦法是將你的思維完全傾注到你當前的工作上，把它做得更好，而不是勉強克制自己的不安。「專心想到自己是不能提高工作效率或減少自我感覺的，專心想到工作卻能做到。」

## 2 一次只做一件事

一次只做一件事，可以避免你三心二意；一次只做一件事，可以使你精力充沛不至於精疲力竭。「一次只做一件事」是所有成功人士的經驗之談。

你的精力有限，應當了解每次任務中所需擔負的責任與你的能量是否相當。如果你把自己弄得精疲力竭和失去控制，那你就是在浪費你的人生。你所做的事情確實很多，但要選擇最重要的事先做，把其餘的事放在一邊。這就如同你要在抽屜裡找東西，你只能一個抽屜一個抽屜拉開找，而不是同時拉開找。

許多公司犯的錯誤就是錯誤地估計了員工的能力與精力，分配給他們遠遠超過他們所能擔負的工作量。面對員工們精疲力竭的表現，他們會疑惑地問：「為什麼分配的工作沒有完成？為什麼公司內部缺乏交流？為什麼質量與服務這麼差？為什麼士氣如此低？」

明智的作法是，公司對每一個員工進行必要的能量考核，以使其量力而行。另一個是員工要有勇氣同公司裡的有關人員進行面對面的交談和協商。這不僅會使你更有效率、更快樂地勝任工作，也會使你的公司受益匪淺。

把你想要做的事列一張清單，寫到紙上，編排序號，按重要到次要、急需處理到暫緩處理的次序排列，然後按「一次只做一件」的原則執行。你將會驚奇地發現，你竟然可以成功地完成了那麼多目標。

學會拒絕你不該做的事，對你的創造力及工作效率有好處。

史蒂芬・科維的祕書精明能幹，但他並不是那種上司讓他幹什麼就幹什麼的人。有一次，史蒂芬急於要他處理幾件立刻完成的事。他回答說：「我願意為你效勞，但你應該看看我的情況。」

然後，他帶他的上司到牆板旁。在那上面，他列了他正在進行的二十多項工作，並注明哪一天幹哪一件事，以及範圍和最後期限。這些事都是協商好的。

他接著說：「史蒂芬先生，你現在要我做的事需要花幾天時間。為了滿足你的要求，你願意推遲或取消哪些原定的計畫呢？」

史蒂芬當然不願那樣做。他知道他要祕書現在去做的事很緊迫，但並不是最重要的。於是，他又另外找了一位處理急事的管理人員，讓他去完成這項工作。

現在，你明白該怎麼做了嗎？

## 3 給你的大腦適當放假

勞累之餘，人都會閉目養神。那其實就是放鬆腦神經，給大腦片刻的休息。但有時候因為大腦沒有真正獲得休息，實際效果並不明顯；相反，會產生消極反應。

現代醫學研究表明，如果人們在一天中經常得到能夠緩解壓力的休息，那他們的工作效率將會高得多。休息可以提高你的工作效率，同時還可以轉移你的注意力，以減少長時間單一專注所造成的疲勞。

如何才能在工作中使你的大腦得到休息呢？

當你的大腦僵化，不能很好地思考問題或不能集中注意力時，請停止你手中的工作，讓大腦得到片刻休息。

你不妨——

(1)站起來，走到窗前，看看外面的風景，呼吸呼吸新鮮空氣。

(2)到樓道活動活動，放鬆肌肉，抒緩神經。

(3)跟朋友或同事聊一會有趣的事，或講小笑話、小八卦等。

(4)坐到一張舒適的椅子上，看看雜誌或報紙。

(5)參加一項與你的工作毫不相關的活動，讓大腦完全放鬆，沉浸到有趣的活動之中。

(6)坐在你的辦公椅上，背靠頭仰，閉上眼睛，慢慢做幾下深呼吸。

(7)聽輕音樂。工作之餘或在家中休息時，聽一些能使你放鬆的輕音樂，將有助於你保持一種積極的心態，更專注於你目前的工作或思考。有人習慣於一邊看書，一邊聽輕音樂，就是這個道理。

## ❹ 把注意力集中在令人愉快的事物上

將你的注意力集中在某個具體、令人愉快、平靜的事物上——可以是一幅畫、一件擺設、一個溫馨的詞彙、一張浪漫的照片，或一次愉快的經歷。這將使你的頭腦變得清醒，變得開放，接受能力強，從而能更好地專注於你的工作。

找一幅能讓你感到平和放鬆的照片，把它放在你的辦公桌上，用它冷靜大腦。也可以選擇你認為最具冷靜頭腦且有魅力的人物照。欣賞一幅令人滿意、愉快但平靜的畫，在腦海裡回憶值得回憶的畫面。

——一次難忘的野營：靜謐的夜晚與躍動的篝火……

——一個愉快的假期……

——一個春光明媚的日子……

——清晨昂首向陽的葵花……

——雨後滿是露珠的荷葉與蛙聲……

徹底放鬆自己。閉上眼睛，深深地呼吸幾下，運用自律法進行假寐，如能真睡個三、五分鐘也不錯！當你從假寐狀態中醒來，你將變得年輕且富有朝氣，感覺到非常輕鬆，可以有能力、有信心應付你周圍的一切。

沉思是一個使頭腦冷靜，恢復清晰的過程；沉思可以使你將注意力再一次集中在當前某件具體的事、活動或想法上。沉思是處理「分散注意力」的藝術，能以一種冷靜、沉著、溫和、泰然自若的方式，處理讓你分心分神的事。

「沉思是你控制思想與心靈的巧妙途徑。」

不要說「沒時間思考」。任何人都能擠出時間做必要的思考。如果你堅持「沒時間思考」或「懶得思考」，那你就還沒有完全意識到思考對於你的重要性。

請記住投資大師墨比爾斯這句話：「活了這麼久，我已經學會曾經胸有成竹的事，依舊要三思而後行。」

(1)選擇一個舒適的環境（安靜、寬暢的辦公室或自己的房間均可），關上門，坐下來靠在椅背上或躺到沙發上，翹起腿，怎麼舒適怎麼坐，雙手交叉，放於腦後，然後閉上眼睛，思考一些有助於放鬆頭腦的事。

(2)利用晚飯後的時間，安排一次散步，作為你安靜思考的方式。

此外，還有更絕的方式，我有位朋友，他要思考事情的時候，不必藍天白雲、不必安安靜靜。他的方法是，漫無目地的在街上晃，他說只要走上30分鍾，他就又會充滿了電，能量十足！

# ch.7
# 直面失敗

○是失敗使骨頭緊硬；是失敗化軟骨為肌肉；
是失敗使人不可征服。

●歷史已經顯示，
最令人矚目的勝利者在凱旋之前，
通常會遭到難以忍受的障礙。
他們之所以勝利，
就是不會為挫敗而感到氣餒。

# 1 關於失敗的哲學

最古老的一句話：「失敗是成功之母。」

「失敗，就某種意義而言，是通往成功的必經之路，因為每次錯誤的發現，都會引導我們熱切地追尋正確的方向，每項新經驗也都指出某種錯誤的形式，那是我們日後小心避免的。」

失敗正如冒險和勝利一般，是生命中必然具備的一部分，你大可不必因為一次失敗就沮喪消沉。偉大的成功通常都是在無數次痛苦與失敗之後才得到的。沒有失敗，就沒有真正意義上的成功。經歷無數次失敗而獲得的成功，你才會珍惜，你的成功才會具有持久的魅力。

每一項成功背後都有初創者艱辛的淚水與汗水；每一個奮發向上的人成功之前都曾經歷過無數次失敗。「失敗並不可怕，關鍵在於失敗後怎麼做？」愛迪生在一次又一次失敗後發明了電燈。成功能引發成功，失敗卻未必招致失敗。只要從失敗中找出經驗，尋出規律，你就不會重蹈覆轍。

不懼怕失敗，可使你充滿鬥志，充滿信心；重視失敗，則能使你反思自己為什麼失敗，進而找出失敗的原因，並從中吸取經驗教訓。這樣就可幫助你認清自己和所處的環境，及時進行適當的調整，再次衝向成功。

失敗是成功之母，但並非失敗必是成功之母，兩者之間並沒有必然的「母子」關係。如果你在失敗後抱持一種無所謂的態度，很瀟灑地說：「反正失敗是成功之母，急什麼？哪有母親不認兒子的？」那你就大錯特錯了。

你扭曲了失敗與成功的「母子」關係，只認為「失敗」必然推向「成功」，而沒有去深入想一想「失敗」在這句話中的潛在含意。不反思失敗，不從中汲取經驗教訓，只知愚昧地「迎接失敗」，那結局永遠是「失敗」兩個字。

失敗時，想想這些人的故事——

——伍迪．艾倫，榮獲奧斯卡金像獎的作家、製作人及導演，在紐約大學與紐約市立學院的電影製作科目不及格，在紐約大學的英文也同樣不及格。

——李昂．尤里斯——暢銷書《出埃及記》的作者，高中時英文補考3次。

——一九五九年，在一次會議上，環球影業公司行政主管對畢雷諾斯說：「你沒有天分。」對克林．伊斯威特說：「你的牙齒有缺口，喉結太突出，而且你說話太慢了。」——這兩個人後來都成了大明星。

——保羅・高恩及納許維勒是得卡錄音公司的高級主管，當一九五六年，他們將柏第・哈利逐出公司時，聲稱哈利是工作夥伴中最差勁、最沒天賦的人。二十年後，「滾石」卻稱哈利為60年代搖滾樂的重要影響人物。

——一九五四年，吉米・丹尼是大歐勒・歐普利公司的經理。他在一次演出後，開除艾維斯・普雷斯利。他說：「小子，你哪兒都去不成！你應該回去開卡車。」艾維斯後來成為美國最受歡迎的歌星——貓王。

——托馬斯・愛迪生上學時，他的老師抱怨說他的反應太慢，又難以應付。愛迪生後來創造了一千三百件以上的發明。

——一九四〇年，一位名叫契斯特・卡爾森的年輕發明家帶著他的創意到20家公司促銷，其中包括一些全國性大公司在內。他們都拒絕他。一九四七年，經過了7年漫長的冷遇後，他終於找到一家位在紐約的羅徹斯特的哈羅德公司，願意購買他根據靜電原理的影印創意。哈羅德公司就是後來的全錄公司。他們雙方都賺了大錢。

——約翰・彌爾頓44歲時失明，16年後，他寫出了經典之作——《失樂園》。

——帕布洛・卡素95歲時，一位年輕記者突然問他：「卡素先生，你已經95歲了，又是有史以來最偉大的大提琴家，為什麼現在仍然一天練琴長達6個小時之久？」卡素答：「因為我認為自己仍然在不斷進步之中。」

——貝多芬46歲時終於全聾，但他在晚年譜寫了他的作品中最好的樂章。

——富蘭克林．D．羅斯福39歲時癱瘓。他後來成為美國最受愛戴、最具影響力的領袖。他曾四次當選總統。

——擁有超過一百本小說創作，發行量達兩百萬本的成功作家——路易士．阿姆斯壯，第一次出版之前，被拒絕了三五〇次。

——如果沒有毅力，麥克阿瑟不可能獲得名譽及權力。當他申請入西點軍校時，被拒絕了——而且不止一次，是兩次。但他仍然堅持。第三次時，他才獲准進入。從此他大步跨進了美國史冊。

# 2 走過天堂路

## ❶反敗為勝

拿破崙．希爾「反敗為勝」的絕妙處方是——

**一連串的奮鬥＋正確的方法＋積極心態。**

希爾畢業於商學院，在一家礦業公司連續幹了五年的速記員工作。由於他能「任勞任怨，不計酬勞」，所以很受老闆器重，被提升為公司的總經理。然而，在他的道路上，這卻是一個劫數。不久，他的老闆宣告破產，他失去了工作。

希爾的第二個工作是在一家木材廠擔任銷售經理。儘管他對木材生意一無所知，但憑著他的處世良方——「任勞任怨，不計報酬」，很快就使銷售業績上昇，他本人也晉升得很快。他又感覺到處在「世界最高峰」般的舒暢。然而，命運之神再次玩弄了他。一九〇七年的經濟大恐慌，一夜之間，使他的事業成為空中樓閣。

他分文未剩。

他沒有喪失信心，轉而一邊研讀法律，一邊當一名汽車推銷員。先前銷售木材生意的經驗，很快使他的銷售業績飛躍起來，獲得進入汽車製造業的良好機會。他開設了一家汽車技術工人訓練班，把一般工人訓練成專業技術工，極有成效，這使他每月有一千多美元的純收益。希爾再度覺得自己又「功成名就」了。當時他依舊認為「成功」就是金錢和權勢。然而，好景不長，由於後來招不到人以致債台高築，他的事業被銀行接管去了，他從一個月有一千美元收入，突然間又不名一文。

希爾後來回憶，說這幾個短暫的挫折在他的一生中是一筆偉大的財富。因為它們迫使他不斷擴充自己的知識，從一個行業轉到另一個，更積累了豐富的經驗。

第四個工作是到一家世界上最大的煤礦公司當首席法律顧問的助手。過了一段時間，希爾提出辭呈。原因是那項工作太容易了。他說，太容易的工作會導致他養成懶惰的習慣。只有不斷奮鬥才能產生力量與成長。這種力量與成長一旦停止，就會造成虛脫與腐敗。

他的新起點選擇在競爭異常激烈的芝加哥。一個人是否具備真正創業能力的潛能，可以讓他到芝加哥試一試。

希爾在芝加哥打響的第一炮是擔任一所函授學校的廣告經理。他對廣告所知不多，但憑著前幾次創業的經驗，他很快又東山再起：一年賺了五千二百美元。

他出色的表現很令校長佩服，便鼓勵他與自己連手幹糖果製造業。他們成立了「貝絲．洛絲糖果公司」。希爾出任公司的第一任總裁。他們的事業擴展極為迅速，利潤也相當豐富。希爾又認為自己接近成功了。

然而，就在他自我陶醉時，他的合夥人卻以偽造文書的罪名被控告，這使他很快賠光了在這家公司的所有股份。他只有再次轉行，到芝加哥中西部一家專科學校教授廣告與推銷技巧。

教學事業搞得很成功。他在這所學校開了一門課，同時主持了一所函授學校。幾乎在世界上每個英語國家中，都有他的學生存在。儘管其間經歷了第一次世界大戰的破壞，但他的教學事業仍蓬勃發展。希爾再度認為自己又接近了成功的項點。

然後第一次大戰來了，學校中的大部分學生都入伍了，就連他也投入為國服務的行列——這是拿破崙．希爾生命中的第六個轉折。

戰爭結束後，希爾思緒萬千，感觸良多。一九一八年12月11日，他又走上另一條路：寫作。對他來說，這是一生中最值得驕傲的事。很奇怪的是，進入這一行業時，他從來沒有想到去探求它的盡頭是否存在著重大的權力或是無數的金錢。

希爾第一次明白了生命中還有一些比黃金更值得追求的東西，那就是：對這個世界提供力所能及的最佳服務，不管他的努力是否將來只為自己帶來一分錢的報酬，甚至可能連一分錢的報酬也沒有。

希爾開始了長達20年，潛心研究世界五百位成功名人成功經驗的工作。用20年的時間，他完成了劃時代意義的八卷本《成功規律》，成為激勵千百萬人獲得財富，獲得成功的教科書，他同時也成為美國社會享有盛譽的學者。

你能從拿破崙．希爾的奮鬥歷程中感悟到什麼？用他的話說：「千萬不要把失敗的責任推給你的命運，要仔細研究失敗的實例。如果你失敗了，那就繼續學習吧！失敗可能是因你的修煉或火候還不夠的緣故。你要知道，世上有無數人一輩子渾渾噩噩，碌碌無為。他們對自己一直平庸的解釋不外是『運氣不好、手氣又差』、『幸運從不來眷顧我』。這些人仍然像小孩那樣幼稚與不成熟；他們只想得到別人的同情，簡直沒有一點主見。由於他們一直想不通這一點，才一直找不到使他們變得更偉大、更堅強的機會。」

行動與毅力完美結合，能攻克一切難關。淺嘗輒止的人永遠不會成功。每年有幾千家新公司獲准成立，長存的小於一半以下。半路退出沙場的人說：「太苦了，還是算了吧！」

「聰明人善於走彎路。」這並不是聰明人勁大或好出風頭；走彎路是為了更快地達到目的地，避免過多的障礙。

人生沒有一帆風順的事，也沒有一條筆直通向成功的坦途。遇到困難時，你不妨先停下來，審時度勢，多動動腦子，看有沒有新的辦法解決難題。

美國總統艾森豪威爾曾說過這樣一句話：「一個人無論是經營通用汽車公司，還是管理美國政府，只坐在辦公室埋頭批閱公文，我不相信這就是認真負責。任何機構的最高領導人都應該避免瑣事的干擾，而應該把有限的精力用在基本決策上。只有這樣，才能做出更好的判斷。」

茫茫雪地上，一行腳印伸向遠方。如果你只站在一旁感嘆：「這麼艱難的路，何時才有盡頭！」——那你就不會邁開一步。

成功是一步一步走出來的，每一個腳印都記載著你的艱辛與汗水。直視你的前方，朝你擬定的目標，一步一步邁進吧！

「必勝的信心」是治療恐懼的一劑良藥。許多人在打算做一件事之前，往往先花很多時間去設想「如果失敗」後的種種糟糕的結局，結果因「預設失敗」而導致裹足不前。

心理實驗證明：頭腦裡的想像會按事情進行的實況，刺激人的腦神經系統。

(1)做一件事之前預想成功後的種種好處，不要去想失敗後的沮喪。

(2) 用自勵語言激勵自己。

(3) 積極、樂觀地面對生活。

(4) 多聽聽振奮人心的歌曲、音樂。建議把《明天會更好》、《男兒當自強》當成每日早起晚睡的號聲。

真正的成功者是善於屢敗屢戰者。屢敗屢戰是對待失敗的正確方法之一。失敗不是什麼罪過，重要的是從中吸取教訓。跌倒了再爬起來，繼續往前走，失敗並沒有什麼可怕！

美國百貨大王梅西就是一個很好的例子。梅西初闖商海是開小雜貨鋪，賣些針線。但鋪子沒維持多久就倒閉了。一年後，他另開了一家，依然以失敗告終。

淘金熱席捲美國時，梅西在美國西部又開了一家小飯館。本以為供應淘金客的膳食是穩賺不賠的買賣，豈料多數淘金者一無所獲，沒幾天就紛紛打道回府，他的小飯館自然也就關了門。

梅西很快又滿懷信心地在麻薩諸塞州幹起了布匹生意。可是，這一回他不只是倒閉，幾乎將所有資本賠了個精光。於是，他又轉到新英格蘭做服裝生意。吸取了前幾次教訓，這回他的生意做得很靈活，並慢慢地向各大城市滲透。現在位於曼哈頓中心地區的梅西公司已經成為世界上最大的百貨商店了。

不要在失敗幾次之後就放棄你的既定目標。即使頻頻改換你的前進角度，但大的方向不能變。那就是——無論如何，一定要成功。

## 2 如何化失敗為動力

「失敗並不可怕，可怕的是失敗後不知該怎麼辦！」

有些人因一次失敗就沉於迷惘之中，不能自拔；有些人因一次失敗就甘於消沉，不再行動。有些人卻因為失敗，才走向巨大的成功。他們的不同處之處在於對待失敗的態度不同。成功者善於化失敗為動力，淺嘗輒止者則以失敗的陰影為麻醉劑。你應該學習第三種人，將導致失敗的不利因素當作修正方向，再度瞄準目標的工具。

——客觀地分析你的生存處境。別將失敗歸咎於他人，應從自身分析做起。

——分析失敗的過程和原因。重擬計畫，採取必要措施，以求改正。

——重新振作之前，想像自己圓滿地處理工作或妥善地應付客戶的情景。

——不要去想使自己信心喪失的所有失敗。

——鼓足幹勁，重新出發。

失敗不能排除心態的因素。起初你是積極的心態，失敗後，你的幹勁沒了，消極情緒的陰影籠罩你的心態。其實，任何時候都保持積極的心態，才是一個成功者應具備的素質。

一位年輕記者問愛迪生：「愛迪生先生，你發明電燈泡曾失敗過一萬多次，你對此有何感想？」

愛迪生回答：「年輕人，你的人生才起步，所以我要告訴你一個對你未來很有幫助的啟示。我並沒有失敗過一萬多次，我只是發現了一萬多種行不通的方法。」

對這個回答，你是不是有很深的感觸？

打垮你的不是他人，也不是自然環境，而是你自己。

美國作家海明威的《老人與海》就告訴我們這個道理。戰勝他人，戰勝自然的首要條件是戰勝自己。偉大的希臘演說家德謨克利特因為口吃而害臊羞怯。他父親留下一塊土地，也因為他口吃而未能繼承。因為當時希臘的法律規定，繼承人必須在聲明土地所有權之前，先在公開辯論中戰勝所有的人。這一恥辱，使他從此發奮努力，口含鵝卵石，苦練演講，創造了人類史上空前的演講高潮。

你有沒看過，小孩子跌倒了，總會馬上爬起來。是的，不管跌多少次，都要再站起來。「立即行動」既是你計畫初成後所邁開的第一步，也是你失敗後調整心態的第一步。

不斷行動，可以養成好的習慣。既然你已經擬定了此生奮鬥的目標，並且已做了初步嘗試，儘管其間你碰到了不少障礙與困難，依然要堅持行動，哪怕每天只做一丁點有助於實現目標的事。每天一件事——儘管微不足道，但長久下去，你就會有意想不到的收穫。更重要的是，你因此而能生發持之以恆的毅力。

讓「立即行動」的提示進入你的潛意識，形成一種無聲的吶喊：「快，現在就去做！」它可以幫你迅速完成應做（但你不喜歡做）的事，使你在面對不愉快的責任時，不至於拖延，也能幫你做你想做的事，抓住那些寶貴的、一經失去便永不能追回的時機。

## 3 走出失敗的低潮

潮起潮落。人生經歷亦如此。一、兩次或者更多次失，對你漫長的人生之路來說，再平常不過、再合理不過了。

你人生的低潮既受外界的壓力，更受自身條件的挑戰；自身是阻擋你成功的最大敵人。因此，你要敢於面對自己，戰勝另一個對立的自己。

首先，你要在心理上做自己的對手，用積極的自我心態戰勝消極的自我心態。其次，在行動中做自己的對手。對既有的成功要提出新的挑戰，不躺在成功的溫床上滋生腐化的因素；對既有的失敗則正視它，認真分析失敗的原因，總結經驗教訓，抓住重點，有針對性地再次衝刺。

那麼，怎樣才能有效地做到戰勝自我，走出失敗的低潮呢？

參加有益的活動，有益的活動可以調節你的神經，釋放你的壓抑、焦慮、緊張等非理性的消極情緒，使你從集體中、自然中獲得有益的啟發。

在此，建議你——

①實現你已拖了好久的出外旅遊計畫。

②排隊買兩張票，去看看想看的電影。

③參加一次有益的朋友聚會，暢談你的志向。

④聽一、兩場名人演講。

⑤和家人或朋友騎自行車郊遊——最好能來一次野營。

另外，運動能使你拋開心事，拋開煩惱，讓你腳踏實地感受到自己在做什麼。做家務可以消解你失敗後的失落感，體會真切的人生感受。

書籍是你最忠實的朋友。面對失敗，你要更加努力去結識這位永遠也交不夠的朋友。它會提供你正確的方法與無限的動力。

把你的不幸或失敗詳細地記下來或寫成信，有助於你自慰或自療。尤其是寫信給親人或朋友，既能一吐為快，又能獲得親友正確的點撥、引導、鼓勵。尋求一個有益的建議或指引，可能會使你受益終身。

每個人都有自己的特長與優點。別以為你是個失敗者就一無所有，還談什麼「幫助他人」。其實，你能幫他人的地方很多，如策劃一個公益組織，做一次郊外旅遊，寫書等。

## 4 勇氣是成功的添加劑

人因為夢想而偉大，夢想因為勇氣而成為現實。有了勇氣，才會產生信心，才會有隨之而來的一系列行動。

對付挫折、失敗的第一法寶同樣是勇氣。不必迴避，也不必畏懼，勇敢地正視失敗，並培育擊垮它的勇氣和魄力。無論任何事，只要勇於嘗試，就能有所收穫。

一九五五年，日本政府為了使其汽車工業能在國際上獲一席之位而實施「特殊振興法」，即只允許2～3家汽車製造廠存在，政府在財力上大力支持。現在已經馳名世界的本田汽車，當時根本不在其中，那時它只會生產兩個輪子的摩托車。

本田公司面臨嚴峻的挑戰，要嘛被死死綁在摩托車領域，要嘛被兼併。公司總裁正視這一特殊政策所帶來的阻力，勇敢地接受挑戰。他認真分析了本田公司在生產技術上的特點，下定決心，毅然制訂出由兩輪車向四輪車轉變的大戰略。

正是由於決策者的勇氣和毅然決然的魄力，才使本田公司成為能夠進一步生產各種高級轎車的「世界的本田」。

沒有勇氣，你的行動之舟將擱淺於畏縮的海灘；沒有勇氣，你將永遠徘徊在人生的空地上，或仰天長嘆，做心理奴隸的順從者。

那麼，怎樣才能做到使自己有勇氣，去挑戰自我、挑戰現實、挑戰挫折呢？

下面的方法將告訴你該怎麼去做——

(1) 首先，要有成功的慾望。強烈的成功慾望，會促使一個人敢於面對一切挑戰。成功慾強烈的人，往往能破釜沉舟，置自己於死地而後生。

(2) 再來，多跟你身邊的成功人士交談，激勵你的勇氣。

(3) 擴大你的交際圈子，主動結織新朋友。有沒有勇氣，要在實踐中證實。沒有親身經歷，任何自大的勇氣都不可靠。「愈戰愈勇」這句話就是真理。

(4)重視每一次大大小小的勝利。勝利的喜悅可產生勇氣；勇氣其實是一種積極的心理要素的累積。

(5)實踐中不斷借鑒他人的成功經驗。勇氣不是魯莽行事。只有在吸收前人的經驗、利用他人的經驗這項基礎上，才能更有效地激發自己的勇氣。

(6)勇氣與自信是一對孿生兄弟。自信心愈大，勇氣愈足；反之，勇氣愈大，自信心就愈強——兩者相輔相成。想使自己的勇氣百倍，首先得做到讓自己的信心百倍。

牢記這句話：「你們若有像一粒芥菜籽大小的信心，就對那山說：你從這邊挪到那邊，山必挪去。」

# ch.8
# 做個有自信的人

○「信心是『不可能』這一毒素的解藥。」
●「自信人生二百年，會當激水三千里。」
○自信的心態，是成功的法寶之一。

# 1 成功的天梯是自信

拿破崙．希爾說：「只要有信心，你就能移動一座山。」

《大英百科全書》稱頌「有史以來殘疾人士中最有成就的代表人物」的海倫．凱勒，創造了「自信史」上的奇蹟。

海倫一歲半時突然失明、失聰、失聲，成了一個盲聾啞人。生理的劇變，令小海倫性情大變。稍不順心，她變會亂敲亂打，跟個小野人似地大聲吼叫。父母絕望之餘，只好將送到一所盲人學校，特聘一位女老師安妮•蘇利文照顧她。從此，這位女老師就跟海倫生活在一起，做起了艱難的教育與溝通工作。

海倫後來在其著作《我的一生》中，對安妮老師這樣寫道：「一個沒有多少『教學經驗』的年輕復明者將無比的愛心與驚人的信心，灌注到一個全聾全啞的小女孩身上。」自信與自愛的種子在固執的小海倫心中生了根，使她從痛苦孤獨的地獄中跳出來。她學會了「自信」的生存方式。她十歲多一點，名字就傳遍了全美國，成為殘疾人士的模範。

小海倫成名後，並未因此自滿。她先後學習了指語法、凸字及發聲，通過這些「語言」，獲得超過一般常人的知識。一九〇〇年，海倫進入哈佛大學拉德克利夫學院學習。四年之後，她作為世界上第一個接受大學教育的盲聾啞人，以優異的成績畢業。

海倫不僅學會了說話，還學會了用打字機寫書寫稿。她雖然是個盲人，讀過的書卻比視力正常的人還多；雖然耳聾，卻比「正常人」更會鑒賞音樂。

海倫·凱勒，一個三重殘疾的女人，憑著堅強的信念，終於戰勝自己，體現了自身的價值。她雖然沒發大財，也沒有成為政界名人，但她所獲得的成就、榮譽比富人、政客還大。

美國幽默作家馬克·吐曾溫說：「19世紀中，最值得一提的人物，就是拿破崙和海倫·凱勒。」

海倫的成功說明了什麼?拿破崙·希爾這樣告訴你：「有方向感的信心，可令你每一個意念都充滿力量。當你有了強大的自信去推動你成功的車輪，你就可平步青雲，無止境地攀上成功之巔。」

# 2 不要讓自卑擋了你的道

自卑是一種消極的自我評價或自我意識。就你而言，是你因認為自己某些方面不如他人而產生的消極情感。

患有自卑感的人往往自慚形穢，喪失信心，進而悲觀失望，不思進取，使其精神受到一定的壓力，進而影響他固有聰明才智和創造力的正常發揮。

《自卑與超越》的作者A．阿德勒指出：「人類需要的無止境與博大永恆的宇宙相矛盾。」人類不可能超越宇宙，也無法掙脫自然法則的制約。這是造成人類自卑的最終根源。

## ❶人人都有自卑情結

阿德勒認為人人都有自卑情結，只是程度不同而已——三個孩子站在獅子籠前時，一個孩子躲在母親背後，全身發抖地說：「媽媽，我要回家！」第二個孩子站在原地，臉色蒼白，用顫抖的聲音說：「我一點都不怕！」第三個孩子目不轉睛地盯著獅子，並問媽媽：「我能不能向牠吐口水？」

事實上，這三個孩子都已經感到自己所處的劣勢，但每個人都依照自己的生活樣式，用自己的方式表現出他們各自的感覺。

## 2 自卑的類型

拿破崙．希爾將自卑分為以下幾類——

(1) **孤僻怯懦型** 這類人不願拋頭露面，處處謹小慎微，不肯冒半點風險。

(2) **咄咄逼人型** 當自卑到了極點，怯懦的人會採取激烈的方式，企圖減輕自卑。表現為動輒發怒，即便一件小事也會大動干戈。

(3) **滑稽幽默型** 用滑稽幽默的行為和虛弱的笑聲掩飾自己內心的自卑。

(4) **否認現實型** 典型的表現為「眼不見為淨」，或憤世嫉俗，否定一切。

(5) **得過且過型** 這類人隨遇而安，儘量溶自己入大眾之中，害怕「冒出頭來」，害怕表明自己的觀點，放棄自己的信念與理想。

# 3 建立你的自信心

## 1 戰勝自卑

(1) **坐到最前面**　在公共集會場所如教室、禮堂的各種聚會中，你不妨坐到最前邊去。「離成功者越近，離成功就越近。」試想，當你坐在最後邊時，你能更多地看見什麼？黑壓壓的人頭。晃動的人頭會影響你的注意力，使你不能聚精會神地聽講或思考。其次，坐在後面是缺乏自信心的表現，表示你不想「太顯眼」。「不想『太顯眼』。」其實就是內心潛隱著自卑。下一次，勇敢地坐到最前面去，它可以戰勝怯懦的自卑，增強自信心。

(2) **正視他人**　眼睛是心靈的窗戶。你內心的思想活動在不經意之間，就會從眼神中溢出。大膽、勇敢的人，眼睛中流露的果斷，剛毅，可以正視一切。

膽小、怯懦的人，眼神中流露的是猶豫不決與畏縮，不敢正視他人。不正視他人意味著：你很自卑。躲避他人的眼神意味著：你心虛或做了什麼見不得人的事。

大膽點，正視他人，用你的眼睛「大聲表明」——你是一個自信的人！

(3) **敢於當眾發言**　你有沒有這樣的感覺：老師提問時，你想站起來，結果你沒有，讓他人回答了？或者集會討論某一個問題，主持人要求自由發言時，你想好了要說的話，可內心一推再推，始終沒站起來？如果你有這樣的感覺，你就屬於怯懦型的自卑者。

拿破崙．希爾說：「很多思路敏捷、天資很高的人無法發揮他們的長處，參與討論。並不是他們不想參與，只是因為他們缺少信心。」

這些人常常對自己許下諾言：等下一次再發言。到下一次時，心裡又打起了退堂鼓。每推脫一次，消極的因素就滋長一些。如此，自信心越來越少，自卑感卻越積越厚。

(4) **加快你的步速**　心理學家指出：步速、姿勢與人的心理、性格有關。身體的動作是心靈活動的結果。

心理學家還指出，改變行走的姿勢與速度，可以改變心理狀態。

快步行走既能節約時間，又能增強自信心，它還可以產生一種心理補償的療效。什麼叫「心理補償」？簡單說，你在適應社會、適應生活中總有一些不及他人的方面。為了改善這些方面，你想從心理方面尋找出路，力求得到補償。自卑感愈強的人，尋求補償的願望就越大。從心理學角度講，這種補償就是一種「移位」：為了克服自己生理上的缺陷或自卑感，遂發展其他方面的特長，期能趕上或超過他人的心理適應機制。

海倫耳聾口啞眼盲，卻能看「正常人」都看不完的書，聽「正常人」不能聽的音樂，並能著書立說，成為一個「世紀的奇蹟」；貝多芬從小聽覺有缺陷，耳朵全聾後還克服自卑，寫出優美的《第九交響樂》，成為劃時代的「樂聖」。

學會自我補償，自卑的陰影就不會再糾纏你。

## 2 動用積極的心理暗示

「心理暗示能使人把麵粉當藥劑，治好了病；也能使人把藥水當毒液，喝送了命。」前者為積極的心理暗示；後者為消極的心理暗示。

暗示是在無對抗的情況下，通過議論、行動、表情、服飾或環境氣氛，對人的心理和行為產生影響，使其接受暗示的觀點、意見、或按暗示的方向行動。

積極的心理暗示不僅能挖掘出你成功的潛能，還可以建立起你驕人的自信力。

如果你是水果商，當客人問你瓜甜與否，你肯定不會說：「差不多吧！」、

「大概吧！」這樣的語氣可以使十個顧客走掉十一個——潛在的顧客也被影響了。

不妨運用肯定的語氣，看看如何：

「我一向只賣甜的瓜！」

「如果我的瓜不甜，哪裡還能買到甜的？」

「不甜的話，就退你錢。」

這是一種很巧妙的肯定式心理暗示，可以增加對方購買的信心。

建議你——

①改變你慣常使用的否定、疑問式語氣，如「大概」或「可能」等。

②在能說「不」的時候，要大膽、肯定地說「不」。

生活中，當你聚精會神，思考某個問題，或被某種激動的情緒困擾時，你會在不知不覺中忘記自我，口中有意識地說出內心所想：「應該那樣做才對……」「原來是這樣呀！」「我明白了！」你鬆了一口氣，心情也隨之好起來，自信心猶如打氣的氣球般鼓脹起來。

有些情況下，自言自語不能解決你的苦悶或失意，不妨找個人傾訴傾訴。

許多心理醫生對就診的病人先進行催眠，然後讓病人一古腦說出心中的苦悶或不幸的經歷。如能做到這一步，病人的問題無異已解決了一半；另一半，醫生則會對症下「藥」。

日常生活中，你肯定有過這樣的經歷：心中有怨氣，就自動去找朋友閑聊，或者直接向朋友坦述自己的苦惱。

另外，也可以把悶悶不樂的事寫出來，不一定讓別人看。這可以使你在無意識中找到傾訴的對象，達到放鬆心情的效果。

## 3 駕馭正確的自我意識以獲信心

「我屬哪種人」的自我意識觀念，它建立在我們自身的認知和評價的基礎上。正確思考下面的問題，看看你屬於哪種人——

(1) 是否經常抱怨自己「命運不好」？
(2) 是否經常為「心情不好」而哭喪著臉？
(3) 是否吹毛求疵，小題大作？
(4) 說話是否尖刻無禮？
(5) 是否不願和人結交？碰到熟人就想躲過去？
(6) 是否覺得生活忙碌無用？

(7)喜歡自己的職業嗎？
(8)是否嫉妒那些超越你的人？
(9)有沒有幹一番事業的信念？
(10)能否從所犯錯中獲得寶貴的教訓？
(11)有沒有洩氣的時候？之後又怎麼辦？
(12)是否願意把自己的不幸和苦惱告訴親人或朋友？
(13)是否擁有一個明確的目標？
(14)是否容易受別人影響，違背自己的判斷？
(15)是否懂得利用自我暗示，使你的情緒變得積極？
(16)是否敢於面對令你不愉快的環境？
(17)你的存在是否會對其他人產生消極的影響？
(18)是否經常改變主意？
(19)是否對某件事有始有終？
(20)是否具有團隊作戰精神（或與他人合作的精神）？

從這二十項中找出自己的毛病，用積極的自我暗示法發揚你的優點，拋棄缺點，建立正確的自我意識，從而增強自信心。

一個美國黑人婦女用一種藥物消除臉上的疙瘩，不小心將藥弄進眼睛，使她喪失了98%的視力，結果她獲得了一百萬美元的賠償；另一個美國婦女在一次飛機失事中，背部受傷，使她永遠失去行走的權利，她也獲得了一百萬美元的賠償。

問你一個問題：你願不願失去視力和行走能力而獲得兩百萬美元？

你肯定會搖頭。你不可能拿寶貴的健康資產交換金錢資產。

僅僅這兩項，你就值這麼多，你還有什麼理由去自艾自怨？

自信起來吧！在幾十億人生活的星球上，只要你看重自己，珍惜自我價值，就沒有任何人能使你覺得低賤。

愛迪生發明電燈曾失敗了一萬多次；歌劇明星卡羅素（一八九三—一九五五年）無法唱到高音，好多老師勸她放棄，但她繼續歌唱，最後成為世界上最偉大的女高音；華德．迪士尼成功前曾破產七次，還有一次精神崩潰。這些人的成功都是由於他們持之以恆的努力所帶來的。

「偉大的槍手跟渺小的槍手之間主要的差別就在於——偉大的槍手是一個繼續不斷練習的渺小的槍手。」

你不必仰視那些成功者，更用不著躺著不動而幻想。你與他們一樣，造物主賦予你與他們同等的機遇，同等的成功權利。

有這樣一項實驗：在亞洲的猶太兒童的智商平均為85，而在歐洲的猶太兒童的平均智商為105。各自抽出10名兒童到以色列的克伊布茲住上四年以後，他們的智商平均竟然達到115的相同水準。原因是當地環境是積極的，學習環境良好，而且獻身學習的氣氛也很好。

這項實驗表明：你會獲得你周圍的人大部分的思想、舉止和個性，你的智商也會受到你的環境與伙伴的影響。跟具有積極心態、道德觀念健康的人士為伍，獲勝的機會就會增大。

另外，多與沒有聲音的「朋友」——書——打交道。每天閱讀勵志修養書。

# ch.9
# 駕馭你的情緒

○「成功的路上，最大的敵人其實並不是缺少機會，或是資歷淺薄；成功的最大敵人是缺乏對自己情緒的控制。」

●要想成就一番事業，先從控制你的情緒做起。

# 1 認識你的情緒

「情緒」這個詞肯定經常出現在你的日常口語中——「我的心情很糟！」或「最近情緒十分低落！」——那麼，什麼是情緒？

情緒是對生理性的需要是否得到滿足而產生的態度體驗。情緒就是情感，是與身體各部位的變化有關的身體狀態，是明顯而細微的行為。情緒的種類很多，一般分為六類——

**第一類：原始的基本情緒。**它具有高度緊張性；快樂、憤怒、恐懼和悲哀。

**第二類：感覺情緒。**疼痛、厭惡、輕快。

**第三類：自我評價情緒。**主要取決於一個人對自己的行為與各種行為標準之關係的知覺。成功感與失敗感、驕傲與羞恥、內疚與悔恨。

**第四類：戀他情緒。**常常凝結成持久的情緒傾向或態度。主要是愛與恨。

**第五類：欣賞情緒。**驚奇、敬畏、美感和幽默。

**第六類：心境情緒。**這是比較持久的情緒狀態。

在這些情緒中，影響你通上成功之路的消極情緒，主要有——

## ❶ 嫉妒

嫉妒使人心中充滿惡意、傷害。如果一個人在生活中產生了嫉妒情緒，他從此就生活在陰暗的角落；他不能在陽光下光明磊落地說和做，只能說風涼話，對他人的成功或優勢咬牙切齒。嫉妒首先傷害的是自己，因為嫉妒的人不是把時間、經歷和生命放在人生的積極進取上。嫉妒同時也會使人變得消沉，或是充滿怨念；一個人的心中只要充滿了消沉或怨念，他距離成功也就越來越遙遠。

## ❷ 恐懼

處境的危險或過度擔憂會導致恐懼心理。恐懼的行為表現為逃跑、退縮與躲藏。對某些事物的恐懼可能是由於缺乏自信或自卑。

一次失敗的經歷或可怕的遭遇可能使你變得恐懼；恐懼的泛化還會導致焦慮情緒的產生。焦慮的情緒比恐懼還糟糕。

一個害怕失敗，心中經常盤踞恐懼的人，永遠不會成功。

## 3 憤怒

憤怒是最具破壞力的情緒。一個容易發怒的人，肯定不是一個優秀的成功者。

憤怒會使你失去理智及思考能力。「狂風暴雨」就是對這類人的形容。一時的衝動，可能意味著事過之後必須付出高昂的代價去彌補，意味著將永遠失去一批真心的朋友，意味著可能失去一大批可靠的客戶；一時的「血氣方剛」，很可能使他人對你「敬」而「遠」之。

成功不是你的「血氣方剛」所能得來的，成功也不是你的「狂風暴雨」刮來的。成功是你的毅力、信心，你的謙虛、友善、富有合作精神的結晶。

## 4 緊張

緊張是生活情境中對威脅性或不愉快因素的情緒反應，同時也反映了一定環境的壓力和人對這種壓力的反應。適度的緊張能使你集中精力，不致分神；過度的緊張會使你語無倫次，心跳加速，本來充實的大腦變成白紙一張。

## 5 抑鬱

抑鬱是成功路上最不討人喜歡的敵人。抑鬱是悲觀的孿生妹。一個人整天沉浸在抑鬱的陰影中，還能有什麼樂觀、積極向上的心態追求成功呢？

「最重要的就是不要去看模糊的遠方，而要做手邊清楚的事。」

抑鬱是一道無形的網，它不僅網住你的思想，還網住你的行動。如果你心中夢想的是成功，那就請你盡快走出抑鬱的低谷。

幫你走出抑鬱的三件事——

(1)問你自己：可能發生的最壞情況是什麼？

(2)如果你必須接受，就準備接受它。

(3)然後，想辦法改善最壞的環境。

你還抑鬱嗎？不妨多思考幾遍，嚼嚼味。

## 6 狂躁

狂躁容易給人一種假相。有這樣一則寓言故事——

風與太陽打賭，風說它最厲害，太陽也說它最厲害。風與太陽決定比一比，看誰能把路人的衣服脫下。風說完就氣勢洶洶，猛朝一個行路人吹去。那人感到冷。風刮得越大，那人把衣服裹得越緊。風累了，最終退下陣來。之後太陽不緊不慢地烤那個人。那人覺得有點熱，開始放鬆衣服。太陽逐步加溫，那人邊擦汗，邊解衣，最後乾脆脫了衣服涼快。

風就是患了典型的狂躁症，彷彿精力充沛，顯得咄咄逼人，實質很虛弱。許多人初次接觸狂躁者，都會產生錯覺：「哇！這個人多麼具有活力呀！」可過不了幾天你就發現，狂躁者行事缺乏條理與分析，只圖一時的衝勁。狂躁者不可能成功。他的致命弱點是自我感覺良好和缺乏足夠的恆心。

# 2 調控憤怒的「心靈雞湯」

每個人都有憤怒的時候，關鍵要看什麼時候該發，什麼時候不該發。

## ❶ 不要因為別人發怒，你便怒不可遏

美國第25任總統威廉．馬京利就會成功地運用了這一原則。

曾有幾家美國企業的代表因馬京利總統指派某人為收稅經紀人，前來抗議。領頭的是一個議員，脾氣非常暴躁。他用憤怒的口氣罵著總統，脫口而出的差不多是一種侮辱性的言詞。總統毫不作聲，任他洩盡他的精力。然後才很平和地說：「現在你覺得好些了嗎？」接著又說：「照你所說的這種言辭，你實在無權曉得我何以要指派某人。不過，我還是告訴你。」

那議員馬上紅了臉，想道歉。但是，總統又用一副笑臉說：「無論是什麼人，如果不曉得事實，總是容易發狂的。」然後，他解釋了其中的事實。

## 2 約束憤怒並不是壓迫憤怒

適時發怒，具有很大的價值，使用得當就是好東西。紐約股業貿易銀行總經理弗雷藉著發洩他的憤怒，建立了一家大規模的銀行。

憤怒可以作為努力背後的原動力。但是，提醒你一點：發怒時，要記著一條原則——你是要做一件有目的的事，並且這件事的價值值得你發怒。

## 3 心平氣和的人並不是都不發怒

有的人往往一定的場合表現得心平氣和，彷彿沒有一絲憤怒的感覺。但一離開那個環境，他就把心中的憤怒通通發洩出來。有人說：「我在發怒的時候，絕不讓人知道。我會趕快走開，跑到樓頂上我辦公室旁的健身房去，套上打拳的手套，和我的教練對打，把怒氣打出來。如果教練不在，便拼命地打沙袋。」

紐約的電氣大王愛德利茲認為，把憤怒寫在信上，有時是很好的，它可以使你的情緒鬆弛。不過，這種信要留一兩天再發。尤其是你必須空出一些時間，來想一想這個重要問題：「我這種憤怒的言詞如果說出來，會產生什麼結果？」

# 3 測試你的情緒

## 情緒自我評定

選題要求，只選一項。

a——經常 b——有時 c——很少 d——從不

### (1)憤怒

①你會對別人隱藏、壓抑自己的惱怒。 a b c d

②你對某人生氣後，會感到後悔。 a b c d

③別人一激，你就會忍不住發怒。 a b c d

④你常遇到過只能用憤怒做反應的情況。 a b c d

⑤你覺得自己對別人發火有害無益。 a b c d

### (2)恐懼

①看到人多事雜，就害怕出事。 a b c d

②對於你所害怕的事，儘管對你有價值，你也不願去做。 a b c d

③一想到危險，便難以正常思考。 a b c d

④你覺得，必須不惜任何代價避免失敗。 a b c d

⑤對你來說，停止對某事或某人的擔憂，是很困難的。 a b c d

### (3)妒忌

①他人的成功，很令你不舒服。 a b c d

①完成某一件事時，你一定會讓人知道。 a b c d

③看到他人獲得榮譽，你就心煩。 a b c d

④你對他人的失敗或不幸，會有點興災樂禍。 a b c d

⑤心裡詛咒有錢人或成功者。 a b c d

### (4)內疚

①你為當替罪羊代人受過，而感到委屈。 a b c d

②你為自己的疏忽感到不安，覺得必須彌補。 a b c d

③為說了一個善意的欺騙性謊言，而不安。 a b c d

④過分誇大自己所犯的小錯誤。 a b c d

⑤因做錯事而陷入自責的漩渦。 a b c d

**⑸焦慮**

①常被即將發生的麻煩所侵擾，而這些麻煩究竟是什麼，其實你並不清楚。 a b c d

②你的壓力似乎來自四面八分。 a b c d

③有時做事越急越亂，有發瘋的感覺。 a b c d

④對從事的重大事情感到沒把握，而心神不安。 a b c d

⑤因排隊等候（如購買車票，進站等）而感覺煩躁、心神不安。 a b c d

**⑹抑鬱**

①你不容易入睡，又容易被吵醒。 a b c d

①你不能很好地進行你的工作。 a b c d

②你感到自己不能主宰自己的命運。 a b c d

④總覺得低人一等。 a b c d

⑤你用不停的活動使自己擺脫煩惱。 a b c d

## 評分標準

選擇a、b、c、d，依次得5、3、1、0分。

每一部分總分超過15分，你應該注意控制這方面的情緒；少於5分，表明你對這方面情緒處理得很好。

## 情緒緊張度測試

作題要求：每題只需回答「是」「否」或「有」「無」。 □

(1)遇到不稱心的事，便大量吸菸，抑鬱寡歡，沉默少言。 □

(2)經常做惡夢，驚恐不安，一到晚上就倦怠無力，焦慮煩躁。 □

(3)腸胃功能紊亂，經常腹瀉。 □

(4)晚上思考各種問題，不能安寢；即使睡著，也容易驚醒。 □

(5)平時不知為什麼，總覺得心慌意亂，坐立不安 □

(6)早晨起床後，就覺得頭暈腦脹，渾身無力，愛靜怕動，情緒消沉。 □

(7)食慾不振，吃東西沒味道，寧可忍受饑餓。 □

(8) 稍微活動後，就出現心跳加快，胸悶氣急。
(9) 一回到家，就感到許多事不稱心，暗自煩躁。
(10) 想要看到某種東西，一時不能看到就感到很不舒服，悶悶不樂。
(11) 處理問題主觀性強，情緒急躁，態度粗暴。
(12) 任何一件小事，始終縈迴腦海，整天思索。
(13) 當著眾人的面，稍有不如意，就任性發怒，失去理智。
(14) 離開家門去上班時，總覺得精神不佳，有氣無力。
(15) 平時只要做一點輕便工作，就容易感到疲勞，周身乏力。
(16) 借酒澆愁，一醉方休。
(17) 對他人的疾病非常關心，到處打聽，唯恐自己身患此症。
(18) 身處擁擠的環境時，容易思維雜亂，行為失去秩序。
(19) 聽到左鄰右舍家中的噪音，就會心神不安，焦躁發慌。
(20) 即使是讀書看報，也不能專心致志，往往走了神。

□ □ □ □ □ □ □ □ □ □ □ □ □

**評分標準**

回答「有」或「是」在6個以下，屬於正常範圍。
回答「有」或「是」在6～11個之間，為輕度緊張症。
回答「有」或「是」在12～14個之間，為中度緊張症。
回答「有」或「是」在15個以上，為重度緊張症。

**你屬於哪一種憤怒類型？**

憤怒分為三類：主觀憤怒、客觀憤怒、人際憤怒。

通過以下自測題，你可以了解自己的憤怒歸類，對症下藥。

作題說明：每一小題實際是發生在你身上的情景。每一小題得分在1～10分之間。沒有反應得1分，狂怒得10分，稍微憤怒得2～3分，比較憤怒得4～5分，大怒得6～7分，非常憤怒得8～9分。根據你的實際情況，給予適當的得分。

**【主觀憤怒】**

(1) 與數字打交道時，你很容易出錯，而這些錯誤本可以避免。

(2)你把東西放錯了位置，不得不花大量時間找它。

(3)你急促地趕去開會，但忘了帶必需的資料。

(4)趕到十樓，卻發現鑰匙落在一樓的辦公室。

(5)你把一封信裝入西裝口袋，卻忘了把它投進郵筒。

(6)他人盜竊你的發明而走上領獎台。

(7)你請一位顧客上街吃飯，卻忘了帶錢包。

**計分：**

**【客觀憤怒】**

(1)你的銷售業務每下愈況。

(2)連續幾月拖欠工薪。

(3)你的一位顧客還沒有還債就破產了。

(4)你擁有的股票，指數連日暴跌。

(5)平時，你工作總是超過規定的時間，而一些同事卻早早回家了。

(6)惡劣的氣候，使你的一項關鍵計畫破產。

(7)政府頒布的法令，增加你所在單位的工作負擔。

**計分：**

**【人際憤怒】**

(1)由於你的疏忽，產生了一樁小差錯，一個同事對此大聲抱怨。

(2)你正與一個同事討論一個問題，一個不受歡迎的第三者插嘴。

(3)你跟某人打招呼，他卻無視於你的存在。

(4)有人無緣無故地對你粗暴無禮。

(5)當你努力集中精力時，一個人打擾了你。

(6)午睡時，電話鈴聲響個不停。

(7)你和朋友共同赴宴，卻受到不同的待遇，他們看低你。

**計分：**

每部分總分大於50分，說明你對那種憤怒特別敏感；

小於25分，說明那種憤怒對你不是什麼問題。

# 4 做你情緒的主人

## ❶ 富蘭克林自制法

富蘭克林為了控制自己的情緒，給自己規定了嚴格的每日自我檢查表。他解釋說，他的作法是為了培養美德的習慣。

他的13種美德要求如下——

(1) **節制** 食不過飽，酒不濫飲。

(2) **寡言** 言多必失——避免無益的聊天。

(3) **生活秩序** 東西應有一定的安放次序；每件日常事務應有一定的時間去做。

(4) **決心** 當做必做；決心做的事應堅持不懈。

(5) **檢樸** 用錢必須於人於己均有益。換言之，切戒浪費。

(6) **勤勉** 不浪費時間——每時每刻做有用的事，戒掉一切不必要的行動。

(7) **誠懇** 不欺騙人——思想要純潔公正；說話也要如此。

(8) **公正** 不損人利己——不要忘記履行對人有益且是你應盡之義務。

(9) **適度** 避免極端。

(10) **清潔** 身體、衣服和住所力求清潔。

(11) **鎮靜** 勿因小事或普通不可避免的事而驚慌失措。

(12) **貞節** 除了為健康或生育後代起見，不要婚外情，不要房事過度。

(13) **謙虛** 不要有誇張的語言或行為。

——以上不必立刻全面嘗試，一個時期掌握一種美德即可。這樣不會導致分散注意力。待一種美德養成習慣，再培養下一個。

你可以效仿富蘭克林的自制公式法，制定你自己的行動公式。用一週的時間集中精力去培養運用一種品德。

第二週集中力量，適應第二種品德，並讓你已接受或習慣的第一種品德開始起作用。時刻用積極的心理暗示。時機到了，要有意識地思考：「要應用先前的那個原則。」

——13個美德原則，每年可重複進行4次。

## 2 自我激勵法

你完全可以控制你的情緒。你越是文明、有修養，就越能控制好自己的情緒。把行動與理智結合起來，控制你的情緒。當你意識到某種憤怒於你沒有任何好處時，你就會心平氣和地做別的事。雖然你的情緒不一定總是能立即受理智支配，但它能立即受行為支配。理智幫你判斷消極情緒，行動會克服你的消極情緒。

要做到這一點，用積極的自我暗示法進行自我激勵最有效。如果你懷有恐懼，又想成為一個勇敢的人，就要發出自我命令：「沒什麼好怕的，不要自己嚇自己！」接著就馬上投入行動。

## 3 用自律法控制你的情緒

你之所以會有那麼多非理性的消極情緒，如憤怒、緊張、恐懼等，都是由現代生活的快節奏、高效率所造成的「壓力症」所導致的。任何一個人，一生中不可能沒有壓力。一個現代人所面臨的壓力很多。你往往要身兼數職：在家庭中，負有丈夫及父親的職責；在公司，負有一個上班族的職責，而且這種壓力又被細化，如和上司、部屬、同僚或顧客在一起時，所承受的壓力不同。多種因素的糾纏形成的壓力感勢必影響你的情緒。

要從那無盡的壓力中解脫出來，使你的情緒好轉，不妨利用三十分鐘練習使用有效的「自律法」。

①找一間比較安靜的房間，擺設沙發或床。

②調整自己的呼吸，端坐或仰臥在床或沙發上。

③閉上眼睛，心中默念背景公式：此時我很平靜，我的情緒完全由我自己控制，什麼都干擾不了我。此時我很平靜……平靜……靜……

④我的右手很沉重……很沉重……越來越沉重……沉重……重……

⑤體會右手沉重的感覺。

⑥接下來：我的全身很沉重……很沉重……放鬆……鬆……

⑦心跳很平穩，非常平穩，我能聽到它的搏動聲……砰……砰……

⑧呼吸很輕鬆，非常輕鬆……輕鬆……鬆……

⑨腹腔很暖和……非常暖和……

⑩我睡著了。天地一片混濛，除了虛空，別無他物，只有我在飄……飄呀飄……飄……

——緩而深地呼吸。如果覺得心中有些不快，就深深地吸氣，長長地呼氣，你的煩惱就隨著呼出的氣而消散了。深深地吸氣，緩慢地完全呼出，你的煩惱就被分散開來了。深深地吸氣，完全呼出，你的煩惱消失，感到輕鬆了。

——仰臥在水清沙白的海灘上，沙子細而柔軟。躺在溫暖的沙灘上，感到非常舒服。閉著的雙眼感受到溫暖的陽光，耳邊響著海浪拍岸的聲音，溫暖舒適。微風徐徐吹來，你有說不出的舒暢感。微風帶走了你的一切思想，只剩下那一片金黃的陽光，溫暖的陽光照著你的全身暖洋洋。海洋不停地拍打著海岸，思緒也隨著它的節奏而飄揚，湧上來又退下去。溫暖的海風輕輕吹來，又悄然離去，帶走了你心中的思緒。你只感到細沙的柔軟，陽光的溫暖，海風的輕緩，只有藍天、碧海籠罩你的身心。你閉著眼，安然躺臥在大自然的懷抱裡。

——你的呼吸有節奏地慢下來，變得又慢又長。你的眼皮沉重，越來越沉重，睜不開了。你的四肢沉重，呼吸又沉又慢。你的眼皮沉重，四肢沉重，心裡安靜極了，腦子裡完全平靜了。你睡了，睡著了……你睡得很香很甜……很香……

——你想起來了，可以從四數到一，慢慢數下去，四——三——二——一。好，起來了！你覺得精神很清爽，頭腦很清醒。你很平靜、很舒服。

## 4 如何控制具體情緒

恐懼多半是心理作用的結果，具有很強的破壞性，是成功之敵。恐懼會阻止你抓住機會，耗損你的精力，破壞你身體器官的功能，使你生病，縮短壽命；恐懼會在你想說話的時候，封住你的嘴巴，使你心神不安，缺乏信心。

那麼，你要有這樣一個認識：信心完全是訓練出來的，不是天生就有。你所認識的那些能克服憂慮，克服恐懼，無論何時何地都泰然自若、充滿信心的人，全都是鍛鍊出來的。

其次，有了信心，就去行動。行動可以治癒恐懼、猶豫，拖延則助長恐懼。

二次世界大戰期間，美國海軍要求所有新兵一定要學游泳。那些年輕健康的新兵被只有幾英尺深的水嚇壞的樣子十分可怕。有一項訓練是從一塊離地六英尺高的木板跳進八英尺或更深的水中。有幾位游泳好手站在旁邊監督。

他們那種樣子挺可憐的。他們表現出來的恐懼一點也假不了。但他們唯一能做的，也是唯一能嚇退恐懼的方法就是縱身一跳。有好幾個人「不小心」被推了下去。結果，他們都不再害怕跳水，並很快學會了游泳。

如果害怕做某件事，就要強迫你自己去從事它，戰勝它。因為你已知道：行動可以治療恐懼。

第一步：恐懼時，不論輕重，先鎮定，再尋找你該採取什麼行動克服它。

第二步：找到答案後立即行動。記住：猶豫只會擴大恐懼，要果斷立刻行動。

## 5 今天你要學會控制情緒

《世界上最偉大的推銷員》一書的作者奧格・曼丁諾在書中寫了一個非常有效的控制情緒的方法。

下面的特訓方式就是引用其中的兩個段落，你要仔細閱讀，使它裡面的觀點，變成你思想的一部分。

記住，這對你的一生大有好處（當然你可以去買這本書來讀）。

反覆閱讀「今天我要學會控制情緒」——

「怎樣才能控制情緒，讓每天充滿幸福和快樂？要學會這個千古祕訣：弱者任思緒控制行為，強者讓行為控制思緒。每天我醒來後如被悲傷、自憐、失敗的情緒包圍，就這樣與之對抗：沮喪時，引吭高歌。悲傷時，開懷大笑。病痛時，加倍工作。恐懼時，勇往直前。自卑時，換上新裝。不安時，提高嗓音。窮困潦倒時，想像未來的財富。力不從心時，回想過去的成功。自輕自賤時，想想自己偉大的目標……

「今天我要學會控制情緒。自高自大時，我要追尋失敗的記憶。縱情享受時，我要記得挨餓的日子。洋洋得意時，不要忘了那忍辱的時刻。自以為是時，看看自己是否能讓風止步。腰纏萬貫時，想想那些食不果腹的人。驕傲自滿時，更想到自己怯懦的時候。不可一世時，讓我抬頭，仰望群星。」

# ch.10
# 亮出你的個性

○注意個人的修飾，
對一個人的自尊具有積極的作用，
而且可令人在各種情況下都感到快樂。

迷人的個性就是能夠吸引人的性格。你的個性是你的性格特點與外表氣質的總和，包括你所穿的衣服、臉上的線條、聲調、思想、肢體語言、品德。

迷人的個性是人與人溝通的基礎。怎樣的個性才是迷人的？

拿破崙．希爾認為，真正迷人的個性有以下幾個要素——

(1)養成使你自己對別人產生興趣的習慣。從他們身上找出美德，對他們加以讚揚。

(2)培養說話能力，使你說的話有分量，有說服力。你可以把這種能力同時應用在日常談話及公開演講上。

(3)為自己創造出一種獨特的風格，使它適合你的外在條件和所從事的工作。

(4)發展出一種積極的品格。

(5)學習如何握手，使你能夠經由這種寒暄的方式，表達出溫柔與熱忱。

(6)把其他人吸引到你身邊。但你首先要使自己「被吸引」到他們身邊。

(7)在合理範圍內，你唯一的限制就是在你自己的頭腦中設立的那個限制。

——迷人的個性並不是先天具備的，而是經過後天培養的。

下面的建議，可以幫助你成為一個受歡迎的人。

# 1 認識你的個性

你了解你的個性嗎？要做一個討人喜歡的人，首先要認識自己的個性。

以下的25道測試題，可以幫助你達到這個目的。

每題只能選擇一個答案。請注意，這是測驗你的實際想法和作法，而不是問你哪一個最正確。以你的實際情況作答。

(1)你公司的主管（或學校的老師）對待你的態度是——

a 老是喜歡對你吹毛求疵。□

b 你一做錯什麼事，馬上就批評你，卻從不表揚你。□

c 只要你不犯錯誤，他們就不會煩你。□

d 他們說你工作和學習還是OK的。□

e 你有錯誤，他們就批評；你有成績，他們就表揚。□

(2)如果比賽中你和你的一方輸了，你通常的作法是——

a 研究輸的原因，提高技術，爭取以後贏。□

b 對獲勝的一方表示讚賞。
c 認為對方沒啥了不起，在別的方面，自己比對方強。
d 認為對方這次贏並沒什麼了不起，很快就忘記了。
e 認為對方這次贏的原因是運氣好，下次自己運氣好也會贏對方。

(3) 當生活中遇到重大挫折（如大學落榜、失戀）時，你便會感到——
a 自己這輩子肯定不會幸福。
b 可以在其它方面獲得成功，加以補償。
c 決心不惜付出任何代價，一定要實現自己的願望。
d 沒關係，可以更改自己的計畫或目標。
e 自己本來就不應當把有這樣的期望或抱負。

(4) 受到別人批評時，你通常的反應是——
a 分析別人為什麼批評你，自己在哪些地方錯了。
b 保持沉默，對批評者記恨在心。
c 也對批評者進行批評。
d 保持沉默，毫不在意，過後置之腦後。
e 如果你認為自己是對的，就為自己辯護。

□ □ □ □ □ □ □ □ □ □ □ □ □ □

(5)你對待爭論的態度是——
a 隨時準備進行激烈的爭論。
b 對自己有興趣的問題才喜歡爭論。
c 很少與人爭論，喜歡自己獨立思考各種觀點的正確與否。
d 不喜歡爭論，儘量避免。
e 不討厭爭論。

(6)你喜歡的社會環境是——
a 比現在更簡單、平靜的社會環境。
b 就像現在這樣的社會環境。
c 穩定，往好的方向發展的社會環境。
d 變化很大的社會環境，能使自己利用這樣的機會發展自我。
e 比現在更富裕的社會環境。

(7)你在遊戲或競賽中喜歡遇到的對手是——
a 技術高超的人，使你有機會向他學習。
b 比你技術略高些的人，這樣玩起來更有興趣。
c 顯然技術比你差的人，這樣你可以輕鬆地贏他。

□ □ □ □ □ □ □ □ □ □ □ □ □

d 和自己的技術不相上下的人，在平等的基礎上展開競爭。

e 一個有比賽道德的人，不管他的技術如何。　□

(8) 通常情況下，與你意見不相同的人都是——

a 想法古怪，難以理解的人。　□

b 缺乏文化知識修養的人。　□

c 有正當理由堅持自己看法的人。　□

d 生活背景和你不同的人。　□

e 知識比你豐富的人。　□

(9) 對談論自己受挫之經歷的態度是——

a 只要有人對你受挫的經歷感興趣，就告訴他。　□

b 如果在談話中涉及，就無所顧忌地說出來。　□

c 不想讓別人憐憫自己，因此很少談自己受挫的經歷。　□

d 為了維護自尊，你從不談自己受挫的經歷。　□

e 你感到自己似乎沒有遇到過什麼挫折。　□

(10) 他人喜歡你的程度是——

a 有些人很喜歡你，其他人一點也不喜歡你。　□

b 一般人都有點喜歡你，但都不引你為知己。
c 沒有人喜歡你。
d 許多人都在一定程度上喜歡你。
e 你不知道。

⑾ 你認為親屬的幫助對一個人事業成功的影響是——
a 通常是弊大於利，常常幫倒忙。
b 總是有害的，會使你在無人幫助，面對困難時一籌莫展。
c 有時會有幫助，但不是必需的。
d 為了獲得事業的成功，這是必需的。
e 對一個人剛從事某一職業時有幫助。

⑿ 你認為對待社會生活環境的正確態度是——
a 使自己適應周圍的社會生活環境。
b 儘量利用生活環境中的積極因素發展自己。
c 改造生活環境中的不良因素，使生活環境變好。
d 遇到不良的社會生活環境，就下決心脫離，換到別的地方。
e 自顧自的，不管周圍的生活環境是好是壞。

□□□□ □□□□□ □□□□□

(13)你對死亡的態度是——

a從不考慮死的問題。

b經常想到死，但不十分害怕。

c把死看作是必然會發生的事，平時很少想到。

d每次想到死，就十分害怕。

e一點也不怕，認為自己死了就輕鬆了。

□ □ □ □ □

(14)為了讓別人對自己有好的印象，你的作法是——

a未見面時就預先想好自己應當怎麼做。

b雖很少預先準備，但見面時經常注意給人一種好印象。

c很少考慮應給人一個好印象。

d從來不預先準備，也討厭別人這麼掩蓋自己的本來面目。

e為了工作和生活上的需要，會考慮如何給人以良好的印象。

□ □ □ □ □

(15)你認為，要使自己生活得愉快而有意義，就必須生活在——

a關係融洽的親屬中間。

b有知識的人中間。

c志同道合的朋友中間。

□ □ □

d 人數眾多的親戚、同學和同事中間。□

e 不管生活在什麼人中間都一樣。□

(16) 工作或學習中遇到困難時，你通常是——

a 向比你懂得多的人請教。□

b 只向好朋友請教。□

c 總是盡自己最大的努力去解決；實在不行，才去請求幫助。□

d 幾乎從不請求別人幫助。□

e 找不到可以請教的人。□

(17) 當自己的親人錯誤地責怪你時，你通常是——

a 很反感，但不吱聲。□

b 為了家庭和睦，違心地承認自己做錯了事。□

c 當即發怒，並進行爭論，以維護自己的尊嚴。□

d 不發怒，耐心地解釋和說明。□

e 一笑了之，從不放在心上。□

(18) 在與別人的交往中，你通常是——

a 喜歡故意引起別人對自己的注意。□

b 希望別人注意自己，但不想明顯地表示出來。

c 喜歡別人注意自己，但並不主動去追求。

d 不喜歡別人注意自己。

e 對於是否會引人注意，從不在乎。

⑲ 外表對你來說——

a 非常重要。常花很多時間修飾。

b 比較重要。常花不多的時間修飾。

c 不重要。只要看得過去就行。

d 完全沒有重要性。從不修飾自己的外表。

e 重要。但不花過多的時間修飾。

⑳ 你喜歡與之經常交往的人通常是——

a 異性。因為他們（或她們）與你更合得來。

b 同性。因為你和他們（或她們）更容易相處。

c 和你合得來的人。不管他們與你的性別是否相同。

d 不喜歡與家庭以外的人多交往。

e 只喜歡與少數合得來的同性朋友交往。

□□□□□　□□□□□　□□□□

(21) 當你必須在大庭廣眾中講話時，你總是——

a 因發窘而講不清話。
b 儘管不習慣，但還是做出泰然自若的樣子。
c 看成是一次考驗，毫不畏懼地講。
d 喜歡對大家講話。
e 堅持推辭，不敢講話。

(22) 你對用面相、測字算命的看法是——

a 算命能了解過去和未來，而且很準。
b 算命師多數是騙子。
c 不知道算命到底是胡說，還是確實有道理。
d 不相信算命能知道人的過去和未來。
e 儘管知道算命是迷信，但還是半信半疑。

(23) 參加小組討論會時，你通常是——

a 第一個發意見。
b 對自己了解的問題才發表看法。
c 除非你說的話比別人有價值，你才發言。

□ □ □ □ □ □ □ □ □ □ □ □ □

d從不在小組會議上發言。 □

e雖然不帶頭發言，但總是要說幾句。 □

(24)在生活道路上遇到考驗（如承擔冒風險的工作）時，你總是——

a很興奮。因為這能體現自己的能力。 □

b視作平常小事。因為自己已經習慣了。 □

c感到有些害怕。但仍硬著頭皮去做。 □

d很害怕失敗，有放棄的念頭。 □

e聽從命運的安排。 □

(25)你對社會的看法是——

a社會上到處都有醜惡的東西，希望能逃避現實。 □

b在社會上生活，想永遠保持正直、清白是很難的。 □

c社會是人生的大舞台，很喜歡研究社會現象。 □

d不想了解社會，只希望自己能生活得愉快。 □

e不管生活環境如何，都想努力奮鬥，無愧於自己的一生。 □

## 計分與評價

根據你的答案，對照計分表，累計自己的總得分。計分過程中，負分和絕對值相等的正分可以互相抵消。這個總分就是你的個性成熟度指數。

計分表上的正分數越高，說明題中所述的行為越正確、越成熟；負分數越小的答案，代表越幼稚、越不成熟。

總分在150分以上——說明你是個很成熟老練的人，知道如何妥善處理個人所遇到的各種社會問題。你知道哪些方法有效，哪些方式會造成不良的後果。

總分在100～149分之間——說明你是較成熟的人，對大部分事情的處理很得體。你能夠很地適應社會，建立良好的人際關係。

總分在50～99分之間——說明你的個性成熟度屬中等水平。你的個性具有兩重性：一半老練，另一半幼稚。還需要在社會生活實踐中成熟起來。

總分在0～49分之間——說明你的個性欠成熟，還不善於處理社會生活中的各種矛盾和問題，不善於觀察影響問題的各種複雜因素，不能準確地預見自己行為所帶來的後果。

## 計分表

| 題號 | 選項 | | | | |
|---|---|---|---|---|---|
| | a | b | c | d | e |
| 1 | -3 | -2 | +4 | 0 | +6 |
| 2 | +4 | 0 | -3 | +8 | -4 |
| 3 | -1 | +10 | 0 | +5 | -3 |
| 4 | +8 | -4 | -4 | 0 | +4 |
| 5 | -4 | +8 | 0 | -2 | +3 |
| 6 | -5 | 0 | +6 | +4 | -3 |
| 7 | -2 | +6 | -3 | 0 | +8 |
| 8 | -3 | -2 | +8 | +4 | 0 |
| 9 | -3 | +8 | +4 | -2 | 0 |
| 10 | 0 | +3 | -3 | +8 | -2 |
| 11 | 0 | -2 | +8 | -4 | +6 |
| 12 | -2 | +4 | +8 | -4 | +6 |
| 13 | 0 | +2 | +10 | -4 | -3 |
| 14 | -1 | +8 | 0 | -3 | +4 |
| 15 | 0 | +6 | +4 | -2 | -4 |
| 16 | +8 | 0 | +4 | -2 | -4 |
| 17 | -1 | 0 | -4 | +8 | +4 |
| 18 | -2 | 0 | +8 | -3 | +4 |
| 19 | -2 | +6 | 0 | -3 | +4 |
| 20 | -2 | 0 | +8 | -3 | +4 |
| 21 | -1 | +4 | +8 | +2 | -4 |
| 22 | -5 | +3 | -2 | +10 | 0 |
| 23 | 0 | +8 | -1 | -4 | +4 |
| 24 | +4 | +8 | 0 | -4 | -1 |
| 25 | -3 | -2 | +6 | 0 | +10 |

## 評價表

| 總分 | 個性成熟程度 |
| --- | --- |
| 0分以下 | 很不成熟 |
| 0～49分 | 不大成熟 |
| 50～99分 | 一般 |
| 100～149分 | 比較成熟 |
| 150分以上 | 很成熟 |

測驗總分是負分，說明你還十分幼稚，好感情用事，衝動、莽撞、不識大體，或者退縮不前，怕出頭露面，孤獨而自卑，容易得罪人，也容易被人欺騙，在生活中處處碰壁，無法實現自己的理想和目標。

# 2 做個討人喜歡的人

## 1 學會傾聽

「神賜給我們兩隻耳朵，一個嘴巴，就是要我們少說多聽。」

聆聽別人說話並不意謂著對談話的內容很感興趣，這是與人相處最重要的禮貌之一，對他人而言，也是一種最高的恭維。

聽他人講話，你可分析他的心理活動，抓住他們的薄弱環節，然後對症下藥，助成你的業務。聽他人講話，也是你謙虛的表現。適度的謙虛是一種美德。傾聽他人談話，別人將以熱情和感激回報你的真誠。

拿破崙．希爾就指出：「專心聽別人講話的態度，是我們所能給予別人的最大讚美，別人會以更真誠的讚美回報。」

一個成功的推銷員曾說：「有效的推銷是自己只說三分之一的話，把三分之二的話留給對方說，自己傾聽。只有當你真實地了解他人，你的人際溝通才能徹底、有效。」

某電話公司曾碰到一個兇狠的客戶，這位客戶對電話公司的有關人員破口大罵，怒火中燒，威脅要上法院打官司，並拒付費用。

公司特派一位善於傾聽的「調解員」與客戶溝通。調解員靜靜地傾聽了這位顧客近三個小時的「狂風暴雨」，並對此表示同意。此後他又兩次登門，繼續傾聽他的不滿和抱怨。當他第四次去時，那位顧客已經「風平浪靜」。這就妥善地化解了雙方的矛盾。

「禍由口出」以及「沉默是金」均從不同的角度，說明了少說多聽的好處。當你說話過多的時候，就有可能把自己不想說出去的祕密洩漏。對有些人來說，這會招禍上身。生意場上，有經驗的生意人常常先把自己的底牌藏起來，注意傾聽對手的談話，了解對方的情況之後，才把自己的牌打出去。

(1) **真心願意聽，並集中注意力**　隨心所欲或佯裝傾聽，還不如直接告訴對方：「對不起！我很想聽你說，但今天不行。另找時間吧！」設身處地想一想：對一個漠視你的談話又勉強應付你的人，你有何感覺？

(2) **富有耐心**　耐心是你辦成一件事的保證。耐心可以使你完整地了解他人的思想；對有傷你感情的話耐心傾聽，可提高你的修養。

**(3)不隨意打斷他人的說話** 別人講話時，如果你自作聰明，用不相干的話把他的話頭打斷，會引起他的反感。

**(4)協助對方把話說下去** 這一點很重要。因為對方說了一大通，需要得到你的印證。如果你一味沉默，儘管你在認真聽，對方也會認為你心不在焉。在對方的談話中間，不妨用一些很短的評語表示你在認真傾聽，如「真的嗎？」、「太好了！」、「怎麼回事」、「後來呢？」會使對方興趣倍增。

**(5)改掉不良的習慣** 邊傾聽，邊用手敲桌子或頻頻用腳打拍子，這些動作會傷害對手的自尊心。眼睛要看著對手的臉，但不要長時間盯住不放，以免對方產生厭惡或害怕的情緒。

## ❷讚美他人

生活中，我們經常需要稱讚別人。真誠的讚美，於人於己都有重要意義。對別人來說，他的優點和長處，因你的讚美，顯得更光彩；對你來說，表明你已被他的優點所吸引。

在現代的人際交往中，讚揚他人已成一門獨立的學問，能否掌握和運用，使之符合時代的要求，是衡量現代人素質的一個標準，也是衡量一個人交際水平高低的標誌之一。

「一句輕輕地誇獎，能使人如沐春風！一聲誠意的致謝，能使人飛騰上天！」好好體驗這句話，好好記住這句話，並且付諸實現，這樣你人際關係的這一堂課就及格了。

## 3 學會微笑

拿破崙．希爾認為：「真誠的微笑不但可以使人和睦相處，也能帶來極大的成功。」——微笑的力量，往往出乎你的意料。

美國「旅館大王」希爾頓於一九一九年把父親留給他的一萬二千美元連同自己掙來的幾千元投資出去，開始了他雄心勃勃的經營旅館生涯。

當他的資產從一萬五千美元奇蹟般地增值到幾萬美元時，他欣喜而自豪地把這一成就告訴母親。想不到母親卻說：「這沒什麼可自豪的。你的經營之道除了對顧客誠實之外，還要想辦法使來希爾頓旅館的人住過了還想再來住。這個辦法簡單、容易、不花本錢，並且人人都能樂意接受。如此，你的旅館才有前途。」

希爾頓苦思冥想後，最終徹悟——微笑服務！

從此，希爾頓實行了微笑服務這一獨創的經營策略。他每天對員工說的第一句話就是：「你對顧客笑了沒？」他經常提醒員工記住：「萬萬不可把我們心裡的愁雲擺在臉上。無論旅館本身遭受的困難如何，希爾頓旅館服務員臉上的微笑，永遠是屬於旅客的陽光。」

微笑可使人與人由溝通而理解，建立好感。微笑是疲倦者的休息室，沮喪者的興奮劑，悲哀者的陽光。假如你想要獲得別人的歡迎，請給人以真正的微笑。

弗蘭克林·貝特格是全美國最著名的保險推銷人。他在走進別人的屋子之前，總是停留片刻，想想會使他高興的事。然後，他臉上便會展現出開朗、由衷而熱情的微笑；當微笑即將從臉上消失的剎那間，他推門進去。

帶著一種輕鬆愉悅的心情同客戶談話，即使是過去很棘手的問題，也會變得容易。只要你在臉上掛著微笑，別人就會更加喜歡你。而且，微笑會使你自己也感到快樂。它不會花掉你任何東西，還可以讓你賺到任何股票都付不出的紅利。

在工作中、生活中摻進微笑，用微笑面對人生，接受各種挑戰，你必然會有意想不到的大收穫。

**(1) 不高興的時候要笑**　你或許認為這方法不對勁：「我不高興，怎麼微笑？」是的，告訴你，無論你心裡多麼沉重，多麼哀傷憂鬱，你都不要讓別人知道。把煩惱留給你自己，讓別人相信你現在非常愉快。與陌生人溝通，你表現的愉快於己於人都有益。

(2) **整張臉微笑著說話** 你要明白，一個美麗的微笑並不單屬於嘴唇，它同時需要眼睛的閃爍、鼻子的皺紋和面頰的收縮。一個成功的微笑是整張臉都在笑，包括你的每一道皺紋。

(3) **運用幽默感說話** 這是最有吸引力的微笑說話法。一大群人相聚時，如果你恰當地啟用你的幽默感，肯定會使在場的人融進一種熱鬧和諧的氣氛，你也會成為最受歡迎的人。

(4) **大聲笑出來** 微笑的極限是大笑。假如微笑具有魅力，那出自肺腑的大笑就具備超級魅力了。你或許有這樣的經驗：在電影院看電影時，有一位觀眾因劇中一個好笑的情節而哈哈大笑，整個影劇院就充滿了轟然大笑。

## 4 給他人耳目一新的「第一印象」

「第一印象」就是你留給他人的第一感覺，是你個性直接外露的一個重要方面。它一般由這樣一些要素綜合而成：衣著、姿態、相貌、言談、體態及一些細節性的東西。

第一印象的好壞決定了你與他人溝通的成敗。

好的第一印象，能使他人如沐春風；好的第一印象，能使他人情不自禁，打開鎖閉的心扉，與你侃侃而談；好的第一印象，意味著你以獨特的個性魅力做了無聲的自我介紹。

什麼是好的第一印象？那就是無論在什麼場合，都注重外表穿著是否得體，肢體語言是否與言辭表達相符，禮貌儀節是否周全。

你能給他人留下好的第一印象嗎？試試看，只需回答「是」與「不是」。

(1)出門前，是否做到檢修自己的儀容？

(2)能否經常做到衣衫整潔？

(3)能否主動跟人「熱情地打招呼」？

(4)與人握手，是否有力度，有分寸？

(5)與人交談，是否能做到先傾聽？

(6)是否經常面帶微笑？

(7)能否做到不誇耀自己的成就？

(8)能否做到不打斷他人的談話？
(9)說話時能否克制你不良的肢體習慣（如左右晃動、手裡玩東西、眼睛看別處、邊說話邊點頭等）？
(10)能否謙讓（如共餐時，讓他人先入座；進出門時，讓他人先進出）？
答案如果均是肯定的，那你就是一個非常討人喜歡的人。肯定不能達到半數以上者，你就得好好改進你給他人的第一印象。

## 5 從臉做起

成功人士往往看重自己的容貌。戴爾・卡耐基說：「形成你如今模樣的概率是30兆分之一（約百億分之一）。縱使你有30兆個兄弟組妹，他們還是同你有相異之處，在這個世界，你仍然是獨一無二的。」

想使別人喜歡你，請從你的臉部做起——

(1)養成每天刮鬍鬚的習慣。潔淨的面龐可留給他人爽朗、精神、果斷的印象。試想，一個鬍子拉茬的人，給人的印象只能是髒、疲憊、邋遢。
(2)修整你的頭髮。除定期到理髮店外，還須每天早晚梳理兩次。勤梳頭不僅修飾你的儀容，還能激活毛囊細胞，促進頭皮的血液循環。

(3)練習微笑。微笑可使每一個細胞都活動起來。「笑一笑，十年少。」就是這個理。微笑與人與己都有益。

## 6 學會穿衣

「穿衣是一門學問。」一個修養高的人不論容貌如何，也不論地位如何，都比較注重自己的著裝打扮。那麼，應該怎樣穿衣？

(1)根據體型，選擇服飾。體型不美的人不要穿太緊的衣服；如果你是又瘦又矮的人，不要穿直線條紋或格子的衣服。

(2)懂得服裝顏色的搭配。嚴格控制鮮艷明亮的色彩，但可放在令人感到活潑爽快的一、兩點上，如領帶的搭配；西服套裝的顏色應搭配在三色以內。正式場合，最好是深藍色西服，白襯衫，亮顏色領帶。

## 7 電話禮儀

聲音能傳達出一個人的精神面貌。別以為你見不到他人的面，就可以隨隨便便、有氣無力地交談。請你絕對不要這樣做。任何時候，你都要保持積極的心態。

正確的電話交談禮儀是這樣的——

(1) 微笑的聲音。微笑時，你的聲音也是微笑的。美國數據公司曾經用「微笑的聲音」做廣告，要求：腰身挺直，深呼吸，微笑。

(2) 接電話時，要告知對方自己的身分：「喂，蘋果公司，我是李得勝……」

(3) 語調應謙恭有禮、友善、專業、熱心而柔和。

(4) 專心。不要邊吃東西或邊喝飲料邊聽電話，甚至與經過身邊的人打招呼。如果真的有分神的事，請向通話者解釋，並請他稍候。

(5) 做出適當的回應。不要只是一味傾聽，即使「是的！」、「我了解！」、「我同意！」幾句簡單的話，至少能證明你在聽他說話。

(6) 愉快地結束。「很高興與你通話，再見。」以及「謝謝你花時間和我談話，再聯絡。」

(7)等對方先掛斷電話，你再掛。

一個人的個性修養，並非一朝一夕就能養成，從現在、從小事、從小細節做起。並且要隨時隨地認為自己是：一個有魅力、有修養、受人歡迎的人物。

# ch.11
# 成功者富有合作精神

○合作是人類賴以進步的保證。

●沒有合作，空氣中就沒有友誼的芬芳，泥土中就沒有成功的種子。

# 1 合作的魅力

「合作」的英文單詞為co-operation。「co」意為「與（他人）共同」，「operation」為「操作」。完整的意思是「與（他人）共同操作」。

在家庭事務、夫妻關係、父母、子女的關係中，「合作」扮演極為重要的角色。妻子與丈夫並肩「作戰」，就能很快地達到目標（房子、車子等）；父母支持、理解子女的志願，從行動上予以大力支持或配合，子女們的成功就會更快。沒有合作，就沒有完滿的家庭；沒有合作，一個家庭就不能適應急變的社會。

科學家曾在風洞實驗中發現，成群的雁隊以V字型飛行，比一隻雁單獨飛行能多飛百分之十的路程。人類也一樣，尤其是朝夕相處的家庭。只要能跟同伴或親人合作而不是孤立戰鬥，就會飛得更高，更遠。

人生處處布滿險灘，稍不留意，就會沉沒其中。

許多人由於盲目的自我意識，或是自大、錯誤地估價自己，自認天下第一，不屑於與他人合作，做任何事都是我行我素。在家庭，不跟父母、妻子、兒女商量；

在公司，不跟同事、上司商量。這類人遲早有一天會懊悔地喊一聲：「我怎麼不會尋求與他人合作呢？」

進步、和諧的合作，可以激發生命中的潛能。集體中的合作，可以增強你的自信心，提高你的處世能力，去除你的消極心態，使你能正確地面對人生。因為人是文明的人，情感的人，離開合作，將一事無成。即使跑到荒郊野外隱居，遠離各種人類文明，一個人依然需要合作，依賴他本身以外的力量生存下去。

「一個人越是成為文明的一部分，越是需要依賴合作性的努力。」

富有合作經驗的人，都知道合作會發給每人一份精美的禮物。

**首先是幸福**——一個人不管是依靠白天辛勤的工作謀生，還是呼風喚雨，領導他人過活，只要懂得合作的奧妙，就可以生活得更順心一點。以「合作」替代「競爭」，替代「爾虞我詐」，不僅能心平氣暢，生活稱意，而且能獲得千金難買的友誼。這其實就是幸福。幸福是一種和諧的感覺。

**其次是財富**——經由努力合作而獲得的財富，不會給對手造成傷害。這是靠衝突與爭鬥而獲得財富所不能匹敵的。

「合作」是追求財富的最佳途徑。「合作」不僅可以使你獲得生活所需的一切，還能給你內心的平靜。這是貪婪者永遠無法得到的。貪婪者也許能眾斂大量財物，但他是靠「垃圾式的創意」，糟蹋別人，踩在他人頭頂而獲得的，為真正成功的人所不齒。

拿破崙・希爾歸結團結的三要素為：「專心、合作、協調。」

拿一家法律事務所來說明這個道理。如果一家法律事務所只擁有一種類型的思想，那麼，它的發展將受到很大的限制，即使它擁有十幾名能力高強的人才也一樣。錯綜複雜的法律制度需要各種不同的才能，不是一個人所能單獨提供的。

把人很完善地組織起來，並不能保證獲得成功。一個人良好的組織所包含的人才中，每一個人都要能夠提供這個團體其他成員所未擁有的個人才能。

一定成功而有效率的事務所，應該擁有以下幾種人才——

(1)具有替各種案子做好準備工作的特別組織者。

(2)具有想像力的人。他能夠了解如何把法律條文與證據同時納入答辯中。

(3)具備熟悉法庭程序的人。

(4)具備思維敏捷，辯論有理有據有力的律師人才。

(5)具備不同法律領域的專門人才。

這些人才充分合作、協調，才能撐得起法律事務所的門面，才能贏得成功。

如果你是商業部門的業務主管，你至少需要三種人才：採購員、銷售員和財務人員。你只要領導這三種人彼此精誠團結，互相協調，再經由他們的合作方式，你將獲益匪淺。

在你的家庭中，「專心、合作、協調」的原則依然適用，且富有成效。

單個擁有知識的人，並不能產生真正的力量。知識是散亂而無組織的，它只是一種潛伏性的力量，有待開掘與運用。一個大學畢業生並不能完全將他所學的知識轉化為力量。這就如同一家現代化的圖書館，收藏了無數的珍貴知識，但並不能使其轉化成真正的力量一樣。因為它們並沒有被組織及聯合起來。

這是一個合作的時代，幾乎所有成功的企業都是在某種合作的形式下經營。今天是幾家銀行合併，明天又是幾家企業公司合併，過幾天又是幾家零售通路聯合。這一切的聯合行動，其目的全是為了運用高度的團結及合作，展與無比的力量。

# 2 如何走上合作之路

## 1 溝通——合作的必要途徑

合作意味著與他人打交道。這就免不了要與人溝通。那麼，怎樣才能與他人很和諧地溝通，以建立良好的合作關係呢？

職場是你成長的地方。走進辦公室，就意味著需要有一連串的人，來協助你完成任務，解釋作業流程，或告訴你何處可以找到需要的資料……因此，你必須學會熱誠、友善待人。

歐美許多企業界領袖非常重視「走動式管理」。它要求公司的各級主管走出自己的辦公室，在工作地點、餐廳和員工休閒的地方，同員工廣泛地接觸，認真地與員工交朋友，聽取他們心中的想法、工作建議等等。

「走動式管理」是一種良好的溝通方式，又是促進合作的必要途徑。高高在上的領導作風既不能了解公司實情，又不能深得人心。如果你想成為優秀的領導，建議你和你的部門經理都深入基層，了解情況，做員工的朋友。來自下面的意見才是你制定政策的依據。

把自己的想法告訴部屬，可以集思廣益。生活中，你也許有這樣的體會：你有一個蘋果，某人也有一個蘋果，兩個人交換的結果仍然只有一個蘋果。但是，假如你有一個設想，對方也有一個設想，兩個人交換的結果就可能是各得兩個設想了。同理，獨自研究一個問題時，可能思考10次，而這10次思考幾乎都是沿著同一思維模式進行。如果拿到集體中去研究，從他人的發言中，也許一次就完成了自己一個人需要10次才能完成的思考，並且他人的想法還會使自己產生新的聯想。

與員工共同探討制訂的銷售目標或政策，既能使員工心中有數，有的放矢，又能使你獲得謙和民主的領導聲譽。

獨裁的領導很難與他人合作，也難以與下屬溝通，這是走向死亡的領導者。民主或精明的領導才能做到廣納「新意」，傾聽部屬的建議。這其實是獲得下屬信賴，願意與你共赴難關的先決條件。那麼，怎樣才能做到接觸「新意」呢？

第一、不要有先入為主的成見：對一個不是出自本人之口的建議，按照人之常理，往往會產生抵觸情緒。對此，一定要抱持虛懷若谷和實事求是的態度去判斷優劣與好壞，而不是急於一棒打死。不要說：「這我知道，會……如何如何……」

第二、不要落入「經驗」的圈套：對於新的建議，有人總愛用過去成功的經驗衡量今天遇到的情況，然後再做決定。成功的經驗告訴我們，機遇和好的建議，總是來自創新和事物的不同特點之中。

## 2 溝通的藝術

溝通是為了彼此建立合作關係。掌握正確的溝通方法，能迅速建立牢固而有效的合作關係；反之，就吃力不討好。溝通是有技巧可尋的，當然也可以通過實際訓練而獲得。你不妨參照以下的特訓方法，試著與他人溝通。

(1) 不管處在什麼環境下，一定要控制自己的情緒。人們習慣於受到刺激就反擊，造成不必要的對抗情緒。相互敵對的人談不上溝通，更談不上合作。

(2) 沉默不一定是金，但耐心卻是溝通之金。失去耐心，就無法冷靜地傾聽和理解他人，造成彼此感情傷害和關係冷漠。耐心就是自我控制，它可以使你的個性逐漸攻破他人的溝通防線，從而讓他人的內心據點接納你。

(3) 溝通的目的是為了合作。因此，你應該把注意力集中在事情上，這才是目標。不贊同某人的行為時，應設法讓他也以事為主，彼此儘量克服不必要的枝節。

(4) 主動出擊，意味著要你敞開心扉，去打開對方的防線。主動出擊並不是太難的事，只要你做到：熱忱、真誠、自信，別人必然樂意接受你。

(5) 「愛你的鄰人」，即要用愛心關懷他人。缺乏愛心的人，就算有點金術，也不能達到溝通的目的。「只要願意付出關懷之愛，你身旁的世界便會明亮起來。」在愛的感受方面，沒有真正的鐵石心腸。

(6) 信任在溝通中能激發出對手最好的品性；信任也是彼此合作的基礎。信任不是輕信；信任有時會被出賣。但總的說來，信任的動機若是純正的，溝通就容易。

(7) 溝通時要重視不同個體的心理、情緒、智能，不能亂下評論。自以為是的人總以為自己最客觀，別人都失之偏頗。其實這才是畫地為牢。「三人行，必有我師。」虛懷若谷的人會承認自己的不足，樂於在與人交往中汲取知識與見解。重視不同的意見，可以增廣見聞。

(8) 人人都渴望被理解、被尊重。最有效的作法是先理解、尊重他人。「尊敬別人的人，同樣會受到別人的尊敬。正像站在鏡子前一樣，你怒鏡中人也怒，你笑他也笑。」理解與被理解是合作的關鍵。

(9)邀請他人參與有意義的活動，可以使你們順利地建立起合作關係。這裡面包含了尊重、理解與信任。可以邀請他參加你的生日宴會，共進一次晚餐，參加某個公益活動，也可以告訴他你有一個有意義的想法，希望得到他的參與等等。

(10)一旦有了溝通之後，就要接受，並尊重他人的現狀，包括他的生理缺陷、習慣、生活方式等。任何輕視、冷淡、拒絕都將是你們進一步合作的阻礙。更不要拿他與其他人做比較，做出不太明智的判斷與選擇。羅斯福總統患有小兒麻痺症，是典型的生理缺陷者，你能對他亂下評論嗎？你應該設身處地地想想：在相同的條件下，你還能強如他人嗎？

——好了，你現在已學會與他人合作的基本技巧，需要進一步學習的是如何才能獲得合作。

## 3 別強加你的想法於他人

想贏得他人的合作，就要徵詢對方的願望、需要及想法，讓對方覺得合作這件事他是出於自願的。

沒有人喜歡被強迫購買或遵照命令行事。許多人為使別人同意他自己的觀點，滔滔不絕，說個沒完，好像非如此不可。這未免有點太心急。心急並不能把事情做好，也許適得其反。尤其是推銷員，常犯這種錯誤。

每個人都重視自己，喜歡談論自己，他們可不願聽一個嘮嘮叨叨的人自吹自擂。尋求合作時，最好先讓對方說。即使你不同意他的意見，也不要打斷他的話。那樣做，會造成對方的抵觸情緒。因此，你要耐心聽著，抱著一種寬容的心態，運用你所學的「傾聽原則」，讓對方充分說出他的看法。

一位法國哲人說：「如果我想樹立敵人，只要處處壓過他，霸佔他就行了。但是，如果你想贏得朋友，就必須讓朋友超越過你。」

每個人都有相同的需求：都希望別人重視自己，關心自己。給他人一種優越感，你們的合作就會很順利地進行下去。

威森先生為一家專門替服裝設計師和紡織品製造商設計花樣的畫室推銷草圖，他每個禮拜都去拜訪紐約一位著名的服裝設計家。那位設計家並沒有拒絕見他，可是卻從來沒有採用過他的圖樣。

威森經過反思後，決定試用「不強加自己的想法於他人」的方法。他隨手抓起六張畫家們未完成的草圖，衝入設計家的辦公室，對他說：「您好！這是一些未完成的草圖，請問您，我應該如何修正，才能使您滿意？」

設計家默默看了那些草圖一會兒，然後說：「放下它們，過幾天再來取。」

三天以後，威森又去了，得到他的一些建議，取了草圖，回到畫室，按照那位設計家買主的意思，把它們修飾完成。結果，六張圖全被接受了。從那時起，這位買主與威森建立了很好的合作關係，訂購了許多其他的圖案。

威森說：「我現在明白，為什麼這麼多年來我一直無法和這位買主做成買賣。我以前只是催促他買下『我認為』他該買的東西。現在我的作法完全相反。我鼓勵他把『他的想法』告訴我。他現在覺得這些圖案是他創造的；確實也是如此。我現在用不著向他推銷，他自動會買。」

「投其所好」的目的是為了達成共識，然後自然過渡到合作的事情上，依然要遵循「讓他人先說」的原則。

## 4 同步——從他人的觀點看問題

拿破崙．希爾指出，要與他人很好地相處與合作，不妨尋求從他人的觀點看問題，以達到同步。這「能創造生活中的奇蹟，使你得到友誼，減少摩擦與困難。」——紐約州漢普斯特市的山姆·道格拉斯過去常常說，他太太為整修房前的草地、拔除雜草、施肥，花了太多時間。他批評說她一個星期這樣做兩次，而草地看起來並不比四年前他們搬來的時更好看。他這種話當然使她大為不快，他們之間的和睦氣氛因此而產生裂痕。

道格拉斯此後不得不採取合作的姿態，即站在太太的立場上看待修剪草坪一事。一天，吃完晚飯後，他太太要去除草。他也跟了出去，幫助她。太太顯得極為高興。兩個人一同辛勤地工作了一個小時，同時也愉快地談了一個小時的話。

自那以後，道格拉斯常常幫他太太整理草地、花圃，並且讚揚她，說她把前庭整理得很好看。他們的關係又和好如初，並且更加快樂。

這就是達到「同步」之後產生的效果。

力求與他人達到同步還可以使你意想不到地解決個人的困難。

澳洲南威爾斯的伊麗莎白·諾瓦克講述了她的一段遭遇：「我6個星期沒有付出買汽車的分期付款，負責辦理我車子分期付款的一名男子打來電話，不客氣地說：如果下個星期一還拿不出剩餘款，他們公司將會採取進一步行動。後來我沒有辦法籌到錢，因此在星期一早上接到他的電話時，我聽到的就沒有什麼好話了。我很惱火，心情非常糟。但是，我並沒有發脾氣。我嘗試著以他的觀點看這件事。」

她真誠地向他道歉，說她給他帶來了很多麻煩，一定是令他最頭痛的顧客。

「當我這麼說的時候，」伊麗莎白說：「他的語氣立刻改變了，並且說，我根本不是令他頭痛的顧客。他還舉出好幾個例子，說明好些顧客有時候極不講理，有時候滿口謊言，更常有的是躲避他，根本不跟他見面。我一句話也不說，讓他吐出他心裡的不快。然後根本不需要我請求，他就說，就算我不能立刻付出所有欠款也沒關係，趕月底之前先付一半，然後在方便的時候付清剩餘的欠款即可。」

毫無疑問，從他人的觀點看問題所達成的同步確實具有實質性的效果。

那麼，如何才能達成同步呢？

(1)學會做到同步呼吸。曾經師從榮格，學習心理分析學的嘉爾曼認為：「呼吸的同步具有誘導性，它可以誘導溝通者和自己的心靈產生感應，從而使雙方步調一致，彼此配合。」

(2)做到視覺同步。「說話時要看著對方的眼睛。」這已成為現代交際學的一句名言。事實也正是如此。注視對手的眼睛，最起碼可以暗示對方：「嗨，聽著吶！我們的合作是真誠的，有什麼話或想法就全抖出來吧！」

(3)身體語言是一個人性格的外部表現。你只要注意到他人的身體語言，並予以配合，就能獲得很好的溝通效果。況且，身體語言的同步是相互影響的。例如，你和一個翹著二郎腿的朋友談得很投機，過了一陣子，你他許會同樣翹起腿。要是這個朋友放下腿來，身體往前傾，過不了幾分鐘，你也許會做同樣的動作。路上遇見一位朋友，他跟你打手勢問好，你肯定會不由自主地也打手勢給予回報。因此，用你的肢體語言去響應他人的肢體語言，你會發現，不知不覺間，你們已建立起很好的合作基礎。

(4)心理學研究表明：相同的語裡與音量可以打消溝通中的緊張感與戒備心態。對一個細聲慢語的人，就不能採用高速而大聲的交談方式；相反，面對一個快言快語的人，又不能採用緩慢而凝重的方式。正確的作法是——對方說話大聲時，你也大聲；對方快言快語時，你也加快語速。他人說話時，你並不一定要回話，更多的時候你應該傾聽，這就需要你配合對方的話說速度。當他談吐緩慢時，你要緩慢地點頭；當他說話快速時，你要迅速地點頭或反應。要做到這一點，就要求你平日多練習自己的觀察力——察言觀色。只有具備敏銳和善感的觀察力，才能和他人的速度配合。

(5) 最後，你最好牢記哈佛商業學院的唐哈姆院長說的一段話：「會見某人之前，我寧願在他辦公室前面的人行道上多走兩個小時，而不貿然走進他的辦公室。因為腦海中沒有清晰的概念，不知道該說些什麼，也不知道他——根據我對他的興趣及動機的認識判斷——大概會怎麼回答。」

# ch.12 你能成為好領導

○要成功地創富，
你必須成為你所從事的那一行的領導者。

# 1 你有沒有領導才能

我們常常說：有領導才能。那麼，什麼是領導才能呢？

拿破崙．希爾說：「領導才能就是把理想轉化為現實的能力。」

現代領導學給領導才能下的定義是——領導才能就是影響力。真正的領導者是能影響他人，使他人追隨自己的人物。「領導才能不是指怎樣揮舞手中的權利，而是指如何授權讓別人去做。」

## 檢測你自己是否具有領導才能

看看下列各種特徵，然後問你自己是否具備相同的領導能力和氣質——

(1) **生理上的耐性**——你是否可以長時期工作，而不致覺得精疲力盡？對於不規則的工作和睡眠時間，你能否適應？

(2) **責任**——對於各種情況，你是否具備靈敏的反應？處於領導地位，需要解決各式各樣的難題，你是否從中獲得很大的滿足？

(3)**高度的學習曲線**——你是否能很快抓住一些新的構想去工作，學習？

(4)**承諾**——開始實行一個計畫時，你是否會毫不厭倦地很快完成它？

(5)**靈感**——你能很快下決心嗎？

(6)**權力的分配**——你能很快地看出別人的潛在能力，而且有足夠的信心派他們做適當的工作，激發他們的潛在能力嗎？

(7)**冒險**——你是否擁有很強烈的信心去冒險，並且知道如何去迎接挑戰以及控制它們嗎？

(8)**影響力**——你能夠影響或鼓舞他人跟著你一起幹事業，讓你的追隨者人人心服口服嗎？

如果以上八項你都能持肯定且自信的答案，就證明你已經具備了一個領導者應具備的能力。但具備能力，還要學會運用能力。

下面的測試題將為你的能力大小歸類，幫助你邁出作為領導者的第一步。

## 你是大領導、還是小領導

回答以下20個自測題，只能回答「是」與「否」。

(1) 開創一種新業務前，你對它有沒有特別的認識和經驗？ □

(2) 你是否能夠在一個合理的時間內做出一個新決定，而且貫徹到底？ □

(3) 你是否願意長時間做無法立即見效的工作？ □

(4) 你是不是一個白手起家的人？是否能獨立設計一個計畫，然後看著它實行？ □

(5) 你能不能說服別人與你一起工作？ □

(6) 你是否真心誠意喜歡人們，並且很願意跟他們一起工作？ □

(7) 別人是否能由你的話中知道你真正的意思？ □

(8) 你能不能承擔責任？是否願意讓自己接受這種負擔？ □

(9) 假如你要銷售產品，你是否能找到一個很恰當的地點——不會花太多錢，而且讓顧客容易發現？ □

(10) 你的社區是否需要你想銷售的產品或服務項目？ □

(11) 你是否熟悉一些必要的紙上作業——像收支的記錄、盤點，

薪水的發放記錄以及報稅等等？ □

(12)你是否很健康，有魄力？ □

(13)你在社區創辦的業務是否營運得很好？ □

(14)你是否擅長與他人溝通、合作？ □

(15)你是否在創業前仔細核算必要的花費？ □

(16)你是否有足夠的資本，支持你的計畫度過第一年？ □

(17)假如你沒有，你知道到哪裡可以借到你所需要的錢嗎？ □

(18)你知不知道你的可能資助者能夠給你多大的保證？ □

(19)計算一下你所期望的每年剩餘，包括你的薪水和紅利，你是否想再投資一些錢去擴展事業？ □

(20)假如你缺少某些條件，如資本或技術，也許你需要一個合夥人，你是否知道誰能符合這些條件？ □

**評分標準**

每一題答「是」得1分，答「否」的不得分，看看你共得多少分。

總分在18∫20分——你會成為一個優秀的決策領導者或企業家，你可以使你的計畫全速前進。必要時，再仔細研究計畫，從多種渠道獲得你所必需的信息資料。

總分在15∫17分——你具備了領導者的行動能力。但要小心進行。也許你已經有了所需要條件，但許多現實的條件，你並沒有充分考慮進去。

總分在14或14分以下——你要仔細考慮一下：你是否真的想經營屬於自己的事業，並能很好地統率一部分員工？雖然有些人具備了領導所具備的能力，但在實際中卻並非那麼容易、簡單。因此，就有了大小領導與大小老板之分。

## 領導者素質

成功的領導者，必須具備以下的素質——

(1) **毫不動搖的勇氣**　勇氣是一個領導者首要的素質。具備毫不動搖的勇氣，才能使你的跟隨者信服你、順從你。沒有哪一個追隨者願意讓一個比自己還缺乏自信和勇氣的人做領導。

(2) **良好的自制性**　不能控制自己行為的人，永遠不能控制他人。能夠管理好自己的人，會發現管理好他人也是很容易的事——無非是管理罷了。

(3) **強烈的正義感** 沒有公平的正義感，任何領導者都不可能指揮若定和獲得下屬的尊敬。

(4) **不固執己見** 成功的領導者都能接納部屬的意見，懂得明辨是非，知錯就改，富有合作精神，在力所能及的範圍內不拒絕他人的幫助。

(5) **模擬帶頭作用** 成功的領導者大都身先士卒，以自己身體力行去追求目標的精神影響下屬，鼓勵他們像他一樣追求自我的實現。

(6) **有責任感** 成功的領導者必須願為下屬的缺點和錯誤承擔責任。如果他儘量推卸責任，就不能繼續擔任領導職務；下屬犯錯，顯示他不稱職，他首先要考慮到失敗的是他自己。

(7) **寬宏的態度** 成功的領導者不擔心自己的成功會讓他不舒服，也不認為別人的成功會削弱自己成功的機會，願意與他人分享成功，不自私自利。

(8) **不專制** 不專制是博得員工尊重的先決條件。不專制的領導者往往讓員工參予決策。他們知道，自己的目標如果不讓員工了解，員工就會因失去努力的目標而變得不負責任，因不了解工作的結果而茫然無措。

(9) **尊重與理解** 成功的領導者並不以自己的特權地位而輕視員工，他們既尊重自己的人格，也尊重下屬的人格。他們還能從下屬的角度考慮問題，從而了解下屬的需要，理解他們的意願。

⑽ **決斷能力** 有人通過對一萬六千多人做測試，發現成功的領導者都具有快速決斷的能力。

⑾ **適時激勵員工** 適時的正面表揚既能增強下屬的自信心，讓他們能更好、更有效地工作，又會使你的人緣增添幾分魅力。

⑿ **富有冒險精神** 冒險有時能帶來巨大的經濟效益。幸運喜歡光顧勇敢的人。管理學理論認為：「克服不確定性環境的最優方法，莫過於組織內擁有一位具有冒險性的戰略家。」

⒀ **有遠大的理想** 成功的領導者不是鼠目寸光之輩，也不是淺嘗輒止的畏縮鬼。遠大的理想宏圖能堅定員工的信心，齊心協力，共渡難關。

# 2 怎樣才能做個好領導

## 1 善於與下屬溝通，做員工的朋友

「溝通」就是一個人向另一個人傳遞信息並獲得充分理解的一種過程。領導者要通過關心、尊重、理解下屬的方式與員工溝通，並為其提供成長發展的機遇，使其懷著感恩之心。

松下幸之助非常注重與下屬溝通，他引以自豪的就是從平凡人身上取得不平凡的成果。他不從著名大學選擇人力，而是十分注重從公司內部職工中發掘，量才為用，在使用中注重實際的工作能力和績效，用人不論親疏。他曾啟用無親無故的山下俊彥出任松下公司總經理，而讓自己的女婿改任總董事長。山下俊彥不負「重望」，創造了松下公司史上的「山下時代」——由生產家用電器單一製造系統擴展為生產電子科技產品等多元化的生產體系。

在企業中，人是第一寶貴的因素，許多公司現在就把「創造培育人才」作為經營的指導思想。失人心，企業將失去生存的活力。

傾聽他人講話，就是對他人的尊重，尊重他人就是尊重自己。透過傾聽，你才能與你的下屬徹底溝通。但傾聽並不意味著替代明確的行為和回答。你可以用機智的提問把員工漫無邊際的話題轉到正題上；如果員工對工作的真正目的和公司的政策理解不正確，就設法予以解釋。當員工提出難題，且真正的用意是想讓你用你的知識和經驗解決它時，就直接給予回答。要注意的是：只會一味地傾聽，將使你陷入「無能」的境地。

## ——如何做個寬容的好領導

寬容大量是成功的領導者和企業家所必須具備的品質。

首先，要表現在能容忍部下對自己的不滿。任何人都不是十全十美的；即使能做到十全十美，在他人看來，仍然有缺點。所以，不要強求你的部下對你百依百順，也不要認為你的領導方式完美無缺。如果你想有所作為，就準備承受責難。部下的責難與不滿，可以讓你清醒地認識自己，發現自己管理上的不足之處，並力求改進，從而達到新高度。

其次，領導者的寬容還表現在能容忍部下的缺點和錯誤。不要因為部下的一次過失，就對他大發雷霆。記住，當你咆哮之時，正是失去人心之時。

第三，領導者的寬容還表現在鼓勵部下犯一些「合理性錯誤」上。成功的領導者認為，不犯「合理性錯誤」的員工意味著缺乏創造性和競爭力，思想保守，心理素質較差。對員工不僅要寬容、諒解，而且鼓勵他們犯「一點」錯誤。因為這會帶來好處。

(1) 領導者允許合理的錯誤和失敗存在，容易給部下「大度」的印象。

(2) 鼓勵部下犯「合理性錯誤」，可增進員工的積極性，容易形成寬容愉悅的精神環境。

(3) 一旦出現失敗或過失，部下們能主動尋求原因，找出合理的解決辦法，不會在心理上造成內疚感和壓力感。

## ——在生活中養成寬容他人的習慣

寬容你的家人，你的朋友；放棄斤斤計較和貪得無厭的統治慾、佔有慾。寬容他人是一種美德。要學會「以德服人」，就得先學會寬容。

發現你的員工犯了不該犯的錯誤時，就想一想，如果此時你們的角色對調，你希望他大發雷霆，還是希望他說：「不要緊！下次別再犯就行了。」你當然希望是後者。那麼，你為什麼不採取這個行動呢？

## ❷ 學會激勵部下

懂得怎樣用有效的態度和悅人心意的手法激勵別人是十分重要的。想做一位好領導，激勵部下就顯得更為重要。

好的領導要善於從以下幾個方面激勵員工：激勵員工的創業精神；承認員工的勞動價值；適時的口頭讚揚與物質獎勵。

創業精神就是要求每個公司都把不斷追求發展、擴大業務作為根本目的，分公司的組建要有充分的理由、明確的發展方向；鼓勵業務員以效益為導向，盡全力去開拓市場。

每個人都具有潛在的創造力。正確的激勵可以促使他人爆發出平時不能爆發的創造力，這種創造力運到工作中，就表現出創業精神。日本的松下幸之助就很能激勵員工，唯才用人。他選拔山下俊彥任總經理，激發了山下巨大的潛在創業能力。山下根據世界市場形勢的變化和家用電器的發展趨勢，果斷地將原公司生產家用電器單一製造系統擴展為生產電子技術產品等多元化的生產體系，使公司的銷售額逐年增加。

要激勵員工的創業精神，首要條件是信任他們。「人性至深的本質，是渴望得到信任與尊重。」充分信任你的部下，放手讓他們工作。不信任就不要用，用則不疑。對能力比自己強的人不要嫉妒，不要怕「功高蓋主」。松下幸之助敢於啟用比他能力強的山下俊彥，安德魯．卡耐基專門籠絡能力比他強的人為他做事。

激勵員工的創業精神要做到勤於溝通，解決他們的實際困難。沒有後顧之憂，你的下屬才能做到信心百倍，盡職盡責。

「讚揚」與「獎勵」是「人性化管理」的一個方面。「讚揚」與「獎勵」的表現是看重他人，關心他人。「你愈關心一個人，他愈會努力為你服務，你的成就也必然愈大。」

## 3 如何創造一流的企業文化

「企業文化」的高低決定著一個企業發展的前景。「企業文化」包括員工的素質、員工素質訓練與教育、領導的長遠規劃、廣告宣傳、人才選用制度等軟體。

企業文化並非能一蹴而就，它要靠一個好的領導帶動全體員工集體參與，形成良好的企業氛圍，才能逐步形成。一般來說，有以下幾個步驟——

⑴ **選拔、任用優秀人才**　「企業文化」終究是人的文化，優秀的人才既能創造企業文化，又能抑制企業文化。區別僅在於他們對待工作的態度不同罷了。因此，好的領導要善於任用優秀人才，讓他們擔任要職，並給予充分的信任與尊重，解決他們的後顧之憂。

⑵ **貫徹團體作戰原則**　讓每個員工都意識到團體作戰對一個企業的重要性。千萬別讓員工各自為戰，像多頭馬車各奔前方那樣拉車。沒有團結一致的方向，就沒有一流的企業文化。

⑶ **重視培養領導人力**　精明的企業領導人總是從基層選拔人才，並讓他們從基層或每一個部門的工作做起。這種芝麻開花式的培訓法則就像點心坊的老闆總是讓自己的孩子從如何和麵，怎樣製作點心，如何採購原料，怎樣包裝、銷售學起，然後才能經營整個點心坊。

⑷ **讓員工有明確的奮鬥目標**　企業文化的重要內容就是讓員工明確公司的目標和方向，並隨時對達到目標的傑出員工給予獎勵。加利福尼亞矽谷的一家軟體公司在制訂目標與獎勵制度方面，令世人讚嘆。一家公司的經理參觀後感慨道：「該公司留給我最深刻的印象有兩點：一、是接待人員訓練有素。接待室安排兩位祕書

接電話，電話鈴聲從來沒超過兩聲就有人接。二、是公司的會議總是以名牌車子的名字命名。更有趣的是該公司董事也是用名牌車做為獎勵成績優異的員工；一般是「卡迪拉克」。之所以這樣做，按該公司經理的解釋是：「經濟條件優裕了，容易安於現狀，進取心就不太強烈。為了刺激他們，唯一的辦法是用名車獎勵來達到目的。」

**(5)讓員工樹立更高的目標** 有不滿，才能前進。要鼓勵員工每人都有更高的價值追求，人人參與策劃，發揮創業和團隊作戰精神。如IBM公司把顧客當作上帝，以「為顧客提供優質高效的服務」作為奮鬥的目標。日本索尼公司的員工則把不斷推出新產品作為超越一切的首要任務。

**(6)行之有效的宣傳氣勢** 成功的領導者無不以廣告策劃、宣傳作為企業文化的主角。「廣告是一個企業文化的承載者」，也是一個企業走向社會、走向世界的介紹信。好的廣告策劃、廣告創意凝集著一個企業的團體智慧，也代表著企業的形象。

# 3 如何使你的公司穩步前進

經濟界有一句話：「每天有一百家公司開張，也有一百家宣告破產。」為什麼？原因是競爭太激烈，有的公司承受不了，所以早早湮滅了。世界經濟史證明，很多企業都是在誕生後的前三年內破產的。如何使你的公司免遭淘汰，就看領導者的素質及決策能力了。

(1) **事先的縝密策劃**；公司的成立都有醞釀、起草的過程。這就要求一個好的領導者決策者在籌備時了解法律、稅收、地域、競爭程度、經營方式、發展規劃，潛在市場等問題。

(2) **不固執己見，不過高地估計自己**；企業創建者的通病往往表現為高估自己的能力，固執己見，拒絕他人的幫助。良好的企業文化首要表現為精誠團結的合作精神。

(3) **避免不切實際的誇張作法**；「打腫臉充胖子」只能加速企業倒閉。正確的作法是——實事求是，穩步發展。

(4) **不忽視競爭**；競爭才能決定優劣，要想穩步發展你的公司，決不能忽視競爭。「競爭是優秀企業得以存在的途徑。」你必須做到——嚴把產品質量關；不盲目開放市場；加強宣傳力度。

(5) **合理預算收支情況**；不要急於將可行性計畫付諸實踐，經過合理而縝密的收支預算後再行動。專家認為，按照各項技術指標計算出的支出預算總額和收入預算總額在實踐中往往都有20～30％的出入。合理的預算收支，可以及時處理企業運行中出現的偶然因素。

(6) **有敏銳的財務意識**；財務是企業經營的基石。新成立、的年輕企業，它的財務狀況常常被來自產品賣主和原材料或半成品的提供者雙方的壓力搞得異常緊張。因此，財務管理上一定要謹小慎微，以免出現財務危機。

(7) **尋求強有力的合作伙伴**；但要權限分明，以防他日發生誤會。

(8) **不要同時經營好幾個項目**；起始時，千萬避免貪婪。記住，一口吃不了大胖子。要穩步前進，一步一個腳印。不妨在贏得客戶的信譽之後，再推出新產品。

一個近60歲的企業家鮑勃，談到他的經營管理之道時說：「我是個生意人，看到什麼事不對勁，就趕快設法補救。關鍵在於補救時所採取的特殊方法。如果員工犯了錯或把事情弄僵了，我會格外小心，儘量自我克制，避免再去傷害他們，讓他們無地自容。」

正是憑著「人性化管理」，鮑勃白手起家，並且在沒有什麼學歷的條件下，經過努力，現今擁有一家最新式、最先進的家具製造廠，員工總數超過三百多人。

鮑勃批評員工的方式很高明，一般採用四個很簡單的步驟——

(1)只跟他們私下談……

(2)稱讚他們已經做得很好的部分……

(3)這時才指出一件可以做得更好的事，並且幫他們找出適當的方法……

(4)再一次稱讚他們的優點……

## 5 每天撥一點時間和自己交談

和自己交談，可以培養你「靜思冥想」的習慣；和自己交談，可以避免外界的干擾；和自己交談，可以增強你的思考能力。不能和自己交談的人，大腦往往處於盲目的混雜之中；不能和自己交談的人，往往是缺乏毅力，缺乏穩健行動的人。

歷史上傑出的宗教領袖或政治領袖大都有獨立思考、與自己交談的習慣。

任何人都可以做到單獨思考與交談。

那麼，應該怎麼做呢？

拿破崙・希爾要求學員每天把自己關在臥室一小時，一連兩個星期，看看有什麼結果。一個星期後，幾乎每個學員都說，這個經驗確實「非常難得且有用」。有人說，他們通過靜思冥想，已經解決了許多棘手的問題（多半與工作不如意、婚姻不和諧、買房子及替孩子選擇學校有關）；有人說，他們比以前更了解自己，更清楚自己的優點與缺點。

(1)我們可以參照拿破崙・希爾的訓練法，從現在做起，每天撥出30分鐘，靜靜地思索有關人生、目標、工作、友誼、親情等問題。

(2)最好在夜深人靜時思考。根據自身的條件，做到——儘量避免他人干擾。

(3)思考方式有兩類。一、直接思考，即直接思考你所面臨的難題或問題，具有很強的目的性，要求頭腦直接了當地給出解決問題的答案。二、間接思考，即放任大腦，由潛意識發揮作用，天南海北，任思緒自由馳騁，找出最佳的領導方案（適用於做任何事）。

一個善於思考的領導，就是一個善於改進自我，進而改進他所統治的那個階層的人。他的最大心願就是：我能做得更好。

# ch.13 機會餡餅

○機會是味甘色美的餡餅，但不會從天上往下掉。

●唯一的作法是，學會製作餡餅。

# 1 機會的火花

在充滿機遇與挑戰的時代，所缺的並非機會，而是發現。

麥當勞快餐的創始人——克洛的創業很有傳奇性。

克洛曾在幾個旅行團裡做過鋼琴師，在芝加哥無線電台做過音樂節目導播，在佛羅里達推銷過房地產，還在美國中西部賣過紙杯。他知道失敗的滋味：「在佛羅里達的房地產熱潮消退之後，我徹底破產了。我沒有大衣，沒有外套，連副手套都沒有。我在冰冷的街道上駕車回芝加哥，到家之後已被凍得像支冰棒，滿懷失意，一文不名。」

一九五四年，克洛在加利福尼亞州聖伯納的諾城發現了一家小餐廳，老板是麥當勞兄弟——馬克和狄克，他們曾向克洛購買混乳機（一種可以同時混合拌勻五種麥乳的機器）。沒有人買過那麼多。克洛決定親自去看看麥氏兄弟的工作。他到了聖伯納的諾城，馬上看出麥氏兄弟已經踏進了一座金礦——顧客們為了能買他們的牛肉餅，不惜排隊搶購。

很快地，克洛發現了屬於他的機會。麥氏兄弟將麥當勞在全國各地的營銷權讓給克洛，條件是抽取5%的利潤。克洛專心致志地幹了起來。一九六八年，世界各地每年大約有一百家麥當勞快餐店開張。

某個人整天幻想擁有機會，做出種種美麗的「假設……」、「如果……」一天晚上，他聽到敲門聲。

「誰呀？」他問。

「我是機會。」

這人翻了個身，想：能有什麼機會呢？風高月黑的，還是等明天再說吧！

「明天早上再來吧！」他朝門外喊。

「機會從不第二次敲你的門。」說完，門外就悄無聲息了。

是的，機會從不第二次光顧我們，「生命巨流中的黃金時刻轉瞬即逝，除了砂礫之外，我們別無所見。天使前來探訪，我們卻當面不識，失之交臂。」

拿破崙·希爾說：「機遇與你的事業休戚相關。她是一個美麗而性情古怪的天使，倏然降臨在你身邊，稍有不慎，她又將翩然而去；不管你怎樣扼腕嘆息，她卻從此杳無音訊，不再復返了。」——想成功，就請緊緊抓住從你身邊經過的每一個大大小小的機會。

世界旅館業鉅子希爾頓最大的夢想就是能買下華爾道夫旅館。他把它看成是世界上最偉大的旅館。那些優雅的大房間曾住過許多皇親貴戚。但這樣一家旅館卻破產了。這意味著希爾頓有一個機會——買下它，從而擁有它。

然而，希爾頓的那些經理們卻不買他的帳，極力反對。希爾頓並不因此退卻，因為他知道，擁有這樣一家旅館，將會給他帶來多大的價值和地位。他想：「我可以像三十年前在德克薩斯州西斯那樣做，自己買下來，把我的看法推銷給那些能夠有我這種想法的人。」

因此，希爾頓開始以過去的那種熟悉的老方式著手去做。他打電話給在華爾街擁有華爾道夫股票的操縱者，以12元一股買下了二四九〇四二股的控股數目。條件是在48小時內付清所有欠款。希爾頓還差三百萬美元。他去找人籌錢：「你要投下二十五萬美元，跟我一起買下華爾道夫嗎？我不想讓給你！實在沒辦法的話，也可能要讓給你。」

那些人都說：「好的。」

為了籌備三百萬美元，希爾頓不得不放棄他一貫遵守的生活方式。希爾頓的理事們看到生米已煮成熟飯，便說：「你這樣做是不應該的。既然你已做到這種地步了，這家旅館必須屬於希爾頓旅館公司才行。」於是，公司便籌出餘下的錢，了卻了希爾頓的心願。

傳銷界有句名言：「別在機會裡找問題，要在問題裡找機會。」

有些人往往坐等機會。但機會光顧他時，他卻猶豫不決，瞻前顧後，坐失良機，以致事後慨嘆：「唉！如果我當時……」

然而，世上沒有那麼多如果與假設，更沒有後悔藥。機會最初出現時，猶如星星之火，這時候大膽抓住它，它的含金量就大；當它燃燒成「燎原之勢」時，你抓住它，含金量就很小，甚至沒有，因為很多人已先你一步，你只能發「如果」與「假設」的感慨了。

正確的作法是——在問題裡面尋找機會、創造機會。

美國鋼鐵大王安德魯．卡耐基就善於尋找機會、利用機會，因而他的一生看起來總是一帆風順，心想事成。

美國南北戰爭結束後，卡耐基預料到經濟復甦必是頭等大事，何不趁此良機，大幹一把？於是他義無反顧地辭去鐵路部門報酬優厚的工作，幹起鋼鐵生意——因為他知道經濟建設對鋼鐵的需求量會與日俱增。他的預見是正確的。他給自己製作了一個口味非常純正，一輩子也享受不完的大餡餅——美國鋼鐵企業集團，產量占全美的七分之一。

假設你是當年的卡耐基，面對一片荒涼、蕭條、破敗不堪，甚至還冒著戰火硝煙的景象，你會做何感想？你有沒有勇氣和信心抓住這個機會？不必羨慕卡耐基，你還是你自己，你是你自己的卡耐基。現在機會就在你身邊，你去抓住它就行了。

記住，千萬別過多地與自己糾纏。牛角尖不是什麼好東西。

## 1 「22／78」法則

「22／78」法則是猶太人經營理念中最著名的法則。猶太人認為，世界上的人可以分為22％和78％兩類。22％的人屬於意識超前的人，他們擁有世界上78％的財富；而78％的人屬於意識比較落後且保守的人，他們只擁有世界上22％的財富。這就是為什麼世界上的富人總是少數，窮人卻占多數的原因之一。

為什麼22％的人，能擁有世界上78％的財富而獲得巨大的成功呢？那是因為他們勇於把握機會！

據最新調查表明，世界上一百位首富中，高學歷者僅佔5％，其餘的95％是低學歷甚至沒有什麼學歷的！這又說明一個什麼問題？

機會並不青睞自以為是的人，更不會青睞觀念保守、落後的人。機會是一個美妙無比卻又靦腆羞澀的少女。她不屬於怯懦與自卑者，只有大膽去向她追求的人，才能得到她、擁有她。

## 2 你能不能抓住機會

面對機會，你能不能抓住？別急於回答，先回答下面這個問題——

機會來臨時，十個人中，有八個人反對，認為不可行；兩個人認為可以一試。你持何種態度？（只回答「幹」與「不幹」）同樣，面對一個新機會，有八個人認為可以幹，兩個人反對。你持何種態度？如果你回答「八個人幹，你才幹」，那你就缺乏抓住機會的魄力，不能創新致新。如果回答「兩個人幹，你就幹」，那麼恭喜你，你已具備成功者的素質了。

想一想，十個人中有八個人利用那個機會，那機會對你還有價值嗎？

抓住機會的首要條件是——敢為人先。

# 2 如何抓住機會

## 1 抓住萬分之一的機會

成功者的口頭禪往往是——不放棄任何一個哪怕機會只有萬分之一的可能。

也許你會想：「萬分之一的希望，只有傻瓜才相信。」與其追求萬分之一的機會，倒不如買張彩券碰運氣。然而，美國百貨業鉅子約翰·甘布爾的看法卻與你不同。他相信這句話。當然，他並不是傻瓜。

有一次，甘布爾要乘火車去紐約，但事先沒有訂妥車票。這時恰值聖誕前夕，到紐約去度假的人很多，火車票很難購到。他的妻子打電話去火車站詢問是否還可以買到車票？車站的答覆是：車票已售光。不過，假如不怕麻煩，可以帶著行李到車站碰碰運氣，看是否有人臨時退票。這種機會只有萬分之一。甘布爾欣然提了行李趕到車站。他在車站等了很久，依然沒有一個人退票。但他並沒有喪失信心，沒有像其他等票的人那樣，急於往回走。

臨開車前5分鐘，一個女人匆忙趕來退票。因為她的女兒得了急病，她不得不改期。甘布爾終於如願以償。到了紐約後，他打電話給妻子說：「親愛的，我抓住了那萬分之一的機會，因為我相信一個不怕吃虧的笨蛋才是真正聰明的人。」

還有一次，甘布爾傾所有家產購買了各工廠拋售的廉價貨物，1美元可以買到一百雙襪子。當他瘋狂收購時，許多人嘲笑他是傻子。他卻說：「咱們等三個月以後再瞧瞧吧！」

為了穩定物價，渡過經濟蕭條期，美國政府採取了緊急行動，大力支持廠商復業。這時，甘布爾開始拋售自己的存貨，一下子賺了不少錢。

甘布爾後來在一封致青年人的信中說：「親愛的朋友，我認為你應該重視那萬分之一的機會，因為它將給你帶來意想不到的成功。有人說，這種作法是傻子的行徑，比買獎券的希望還渺茫。這種觀點有失偏頗。因為開獎由別人主持，絲毫不由你主觀努力；但這種萬分之一的機會，卻完全是靠你自己的主觀努力去完成。」

## 2 成功之道：見縫插針

許多人抱怨沒有機會。他們說：他們之所以失敗，是因為沒有機會。然而，機會無處不在，關鍵是他們缺乏發現，因而不能抓住機會。

那麼，如何才能做到發現機會、抓住機會呢？

拿破崙．希爾的作法是：見縫插針！即儘量利用一切可以利用的機會，採取行動，達到預期的目的。「縫」就是機會，「見縫」就是善於發現機會；「插針」則是必要而果斷的行動。如果在商業活動中想有所成功，就要具備「見縫插針」的能力。僅靠一味盲目蠻幹，必然收效甚微。

(1) **善於發現和辯別機會**　機會不是單純的幸運，它往往潛藏於平凡的現象背後，被表面現象所掩蓋，具有「隱藏性、偶性性、瞬時性」。拿破崙．希爾說：「機遇是一個美麗而性情古怪的天使，他倏然降臨身邊，稍有不慎，她又會離你而去。」就是對此三點的概括。

——要發現機會，就必須具有靈活的頭腦和敏銳的觀察力。

(2) **「插針」與立即行動**　機會一旦初露端倪，就要毫不猶豫地抓到它：「插針」。千萬不要觀望，等別人幹了你再幹。那只能使你與機會失之交臂，留給你無法追回的懊悔。

——猶豫與觀望是製造後悔的罪魁禍首；立即行動則是抓住機會的功臣。

(3) **見機行事與隨機應變**　好的機會出現時，要敢為人先，大膽抓住；當「機會」不再是「機會」時，要敢於拋棄，做到「隨機應變」。

——墨守成規或隨波逐流，只能成為時代的應聲蟲，成功將永遠與你無緣。

## 3 主動出擊

「人世間的事沒有一件絕對完美或接近完美。如果要等所有條件都具備以後才去做，只能永遠等待下去。」等待時機與條件成熟才去行動的人力多是平庸之輩。他們不敢越雷池一步，沒有任何冒險精神，要嘛安於現狀，要嘛怨天尤人。

如何才能克服「萬事俱備以後才行動」的弊端？

現在就去做！做個主動出擊的人。

(1) **調動積極心態** 成功人士大都善於用積極的心態去思考、去行動，因而是主動型的人；庸庸碌碌的人則常常用消極的心態去思考，總是找藉口拖延、限制行動，因而是被動型的人。如果你想把握機會，走向成功，最根本之道是改變你的心態；即用積極的心態去思考，然後行動，做個主動型的人。（積極心態的訓練方法可參考第一章）

(2) **現在就行動** 美國人席第先生在美國郵政局海關工作。他很喜歡他的工作，但又不滿意工作上的種種限制及按資排隊的升遷制度。一天，他突然有了一個想法：「我已經學到許多貿易商所具備的專業知識，還認識了那麼多貿易商，為什麼不自己辦個貿易公司呢？」

然而，這個想法只是在他的心頭盤旋，他始終是一個規規矩矩的海關工作人員，拿著並不怎麼高的薪水，受著苛刻制度的管束。為什麼？他考慮太多：資金不夠呀，經濟不景氣呀，以及孩子就要誕生、留戀海關工作、貿易條款的種種限制等等都成了他給自己找的藉口。他總想著：「等萬事齊備了再行動吧！」世上最容易找到的就是藉口。席第先生的想法很不錯，但他沒有立即行動，只能使很好的想法成為「空想」。

## 4 當機立斷練習

你能否做到當機立斷，抓住機會呢？

(1) 想不想給朋友寫信？

(2) 想不想存錢？

(3) 想不想把你的好主意告訴朋友？

(4) 想不想成為一個有作為的人？

(5) 想不想把你的計畫變為現實？

——以上5個問題，相信你都持肯定態度，但什麼時候去做或實現就是另一回事了。每一個問題現在有了個選擇的答案，請你選擇——

① A：現在就去做 B：明天再做 C：等有空時再做

② A：現在就存錢 B：下個月在存 C：現在困難，明年再存

③ A：現在就去告訴朋友 B：等有工夫了再說 C：只是想一想而已

④ A：從現在起就努力 B：過幾天就灰心了 C：急什麼呀！慢慢來

⑤ A：時刻想著計畫，並付諸行動 B：空想但不行動 C：過幾天就忘了。

答案全為「A」者，你一定能做到當機立斷，抓住機會；答案為「B」、「C」者，需試者強迫自己選擇「A」，並付諸實施。

學會運用「機會餡餅佐料」——

① 做個主動的人，多走點路，機會就在你比別人多邁出的那一步處。

② 敢為人先。不要等到大夥兒一湧而上時你才上；要做到當別人插手時，你插手。

③不要坐著等待完美。世上沒有完美的事，不斷地追求才能趨於完美。
④用行動克服恐懼，同時增強你的自信。怕什麼就去做什麼。
⑤運用大腦，善於捕捉戰機。
⑥不要想著「明天」、「下禮拜」或「下個月」，而要時刻想著「現在」
⑦精力集中。不要把時間浪費在無謂的思考與行動上。
⑧用積極的心態去思考，去行動。這是一件最有用的法寶。

# ch.14
# 穿越時光隧道

○「你熱愛生命嗎？那就別浪費時間，因為時間是組成生命的材料。」

●成功與失敗的分界線就是如何分配時間、利用時間。

# 1 認識你的時間

美國思想家班傑明・富蘭克林說過這樣一段話：

「記住，時間就是金錢。一個每天能掙10個先令的人玩了半天，或躺在沙發上消磨了半天，他以為他在娛樂上僅僅花了5個先令。不對！他還失掉他本可以掙得的5個先令……記住，金錢就其本性而言，決不是不能升值的。錢能生錢，它的子孫還會有更多的子孫。誰毀掉了5先令，那就是毀掉它所能產生的一切；也就是說，毀掉了一座英鎊的大山。」

這不是危言聳聽，這段話被經濟界奉告至理名言。因為它通俗而又直接闡釋了這樣一個道理——想成功，就必須重視時間的價值。

別認為幾秒鐘、幾分鐘，甚至幾天都無所謂，反正有的是時間。這麼想乃是大錯而特錯。貝爾在研製電話機時，另一個叫格雷的也在進行這項實驗。兩個人幾乎同時獲得了突破，但貝爾到達專利局比格雷早了兩個小時，就因為這120分鐘而馳名世界。

更何況，隨著科學技術日新月異，時間的價值猶如核裂變反應，正以幾何級數增長。現代一台紡紗機一小時紡的紗，抵得上古老的紡車嗡嗡響了個一年；乘超音速飛機數小時可以從西半球飛到東半球，而當年周遊一國，竟要耗去大半生。

用美國未來學家托夫勒的話說：「20年來，電腦科學家已經歷了從毫秒到毫微秒（十億分之一秒）的突破——幾乎是超越人類想像能力的對時間的壓縮。也就是說，一個人的全部工作壽命就算8萬個工作小時（每年兩千小時，40年），可以壓縮為四．八分鐘。」——四．八分鐘，是你一生工作時間的濃縮！想想，你還能那麼大方，認為幾分鐘、幾小時都是區區小事嗎？

「抓住現在」——這才是成功的祕訣。許多人都在等待機會，希望將來出現對他們有利的光明前途；有的人甚至希望時光倒流，重新抓取那些失的機會。然而，「機不可失，時不再來」是人類驗證了幾千年的至理名言，你我沒有權力，也沒有能力讓時光倒回，或者重來一次。

唯一的出路就是「立即行動，抓住現在」！

誠如拿破崙．希爾所說的：「所謂『美好的古老時光』就是今天，因為這才是我們生活的日子，也是我們在歷史上唯一生存的一段時間。」

想抓住今天，你必須心存這樣的信念——

就在今天，你要開始工作；你要擬定計畫和目標；你要考慮只活到今天；你要考慮好好鍛練身體；機在今天，你要健全心理；你要克服恐懼和憂慮；你要讓人喜歡；你要讓他幸福；你要走向成功與卓越。

人是最積極的動物；人也是最聰明的動物，因為只有人想追求永恆。

永恆並不是空洞的說教，也不是苟延殘喘，多活上十天。空洞的說教不能永恆，毫無意義的行屍走肉更沾不上永恆的邊。真正的永恆是在所有時間內追求卓越與進步的瞬間。

創造出值得的東西，你才能永恆。

# 2 如何運用時間

## 1 如何有效地利用時間？

「一切節約，歸根到底，都是時間的節約。」

時間對任何人、任何事都一視同仁，既寬厚大方，又吝嗇專制。有效地利用時間時，它顯得寬厚大方；無所顧忌地浪費它時，它就顯得吝嗇專制。因此，你必須先學會如何有效地利用時間，節約時間，從而倍增你的人生。

美國麻省理工學院對三千名經理做了調查研究，發現凡是優秀的經理都能做到精於安排時間，使時間的浪費減少到最低限度。《有效的管理者》一書的作者管理大師彼得．杜拉克說：「『認識你的時間』是每個人只要肯做就能做到的。這是一個人走向成功的有效的自由之路。」

(1) **善於集中時間**；切忌平均分配時間，把自己有限的時間集中在處理最重要的事情上。切忌每樣工作都抓，要有勇氣並機智地拒絕不必要的事、次要的事。

一件事來了，首先要問：「這件事值不值得做？」決不可遇到事情就做，更不能因為反正做了事，沒有偷懶就心安理得。

(2) **善於把握時機**；時機是事物轉折的關鍵。只要抓住時機，就可以牽一髮而動全身，以較小的代價取得較大的效果，促進事物的轉化，推動事物向前發展。錯過了時機，往往會使到手的成果付諸東流，造成「一著不慎，全局皆輸」的嚴重後果。所以，成功人士必須善於審時度勢，捕捉時機，把握「關節」。如此，方可以「事半功倍」。

(3) **善於應用「自由時間」與「應付時間」**；任何人都面臨著兩種時間：屬於自己控制運用的「自由時間」，和屬於對他人他事的反應的時間，即不由自己支配的「應付時間」。

對這兩類時間要合理調配，不能顧此失彼。沒有「自由時間」，完全處於被動、應付狀態，不能自己支配時間，不是一名有能力的領導者。但是，要完全控制自己的時間，在客觀上也是行不通的。因為，人畢竟是社會的人，不可能獨存獨活。一個人想將「應付時間」強行變為「自由時間」，實際上就可能侵犯了別人的時間。

(4) **善於利用零散時間**；一個人的時間不可能非常集中，往往會出現很多零散時間，如上下班前的過渡時間、早晚餐前後的空餘時間、下班後屬於自由時間內的零散時間等。成功人士往往珍惜並充分利用這些大大小小的零散時間做些零碎的工作，從而提高工作效率——不讓小事分心扯你後腳。

## 2 如何合理地安排你的時間？

「凡事經合理安排才有序，有序才能出成果。」這句話同樣可以運用到你的時間上。況且，所有的成功人士在做事前都有一個時序表。

主持美國女性雜誌Cosmopoliten長達三十二年的海倫．格利．布朗說：「你可能非常努力工作，甚至因此在一天結束後感到沾沾自喜。但是，除非你知道事情的先後順序，否則你可能比開始工作時距離你的目標更遠。」

因此，你要為你自己製作一個日程表。但你必須了解，你的日程表上的所有事項並非同等重要，不應對它們一視同仁。你應當按「先重後輕、先急後緩」的原則來處理。

建議你，製作短期優先順序表：

(1) 拿一張紙，寫下你明天要做的三件最重要的事。

(2)對這三件事，你認為哪一件最重要，哪一件次之，哪一件相對來說最不重要，用「123」或「ABC」標明。

(3)次日早上，第一件事是把紙拿出來，做標「1」或「A」的事。堅持辦完最重要的事，接著做第二件、第三件。完成不了不要緊，只要努力，總是做對你來說最重要的事。

(4)每天都堅持這樣做。試用此方法一個月，你會有意想不到的收穫：精力充沛了許多、進取心強大了許多。同時，你還會發現，你竟做了平時幾個月都不能做完的事。

——接著，制訂可行的待辦計畫：

(1)準備一本比較厚的計畫表或萬用手冊。

(2)每晚熄燈前寫下第二天應工作的內容：短期計畫表——與短期優先順序表不衝突。計畫表應簡單明了。別依賴隨處塗鴉的紙片記錄、桌上的即時貼或是用便利貼貼在冰箱上。那反而會亂上加亂。最好全部記在能隨身攜帶的萬用手冊上，可以在任何時候查看。必要時可以利用即時貼或便利貼作為額外的提醒媒介。

(3) 早上起床後的第一件事就是查看計畫表。如果你確定要做的事都列在計畫表上，而且每天固定檢查，就絕不會因為「忘記」而遲延了任務。

(4) 限制計畫表上的項目。範圍應該廣泛，但絕不能像百科全書，否則很可能力不從心。不妨用「方式1」確定一天要幹的最重要的三件事。零碎事可用零散時間完成。

(5) 在計畫項目旁注明日期與時間。拿破崙・希爾認為，時間日記並不是靈丹妙藥，只有真正下決心完成計畫表上的事，時間日記才能起到很大的作用。而下定決心的最好辦法就是制訂完成計畫表上每項工作的時間。

## 3 如何避免浪費時間？

世上最不可以浪費的是時間。因為：浪費時間，就是浪費機會；浪費時間，就是浪費生命。那麼，你如何才能做到不浪費時間呢？除了你已經學到的「合理地安排時間」，你還必須進行以下幾個方面的特訓。否則，你依然會有許多許多寶貴的時間被浪費。

「不要做自己的奴隸，不是每件事都必須做。」做不值得做的事是最愚蠢的時間浪費，因為，做不值得做的事，會讓你誤以為自己完成了某些事。就如你寫了一些根本沒有人理睬的說教論文一樣，只是白費力氣，孤芳自賞罷了。不值得做的事還會空耗你的時間與精力。因為做不值得做的事所消耗的時間與精力不可能再用在其他有用的事情上。

拿破崙・希爾說：「一開始沒有成功，再試一次，仍不成功就該放棄。愚蠢地堅持毫無益處。」這種說法與前面「直面失敗」章節中的「屢敗屢戰」並不矛盾。「屢敗屢戰」是面對失敗所具備的勇氣，而「適時地知難而退」則為了尋找更有利於發展的方向。「屢敗屢戰」並不要求你死認準一個無益的目標不放，是要求你在失敗中奮起，再次迎接挑戰。「適時地知難而退」也並不主張你對所有的目標都要嘗試兩次就收棄，而是要經過全方位的衡量、比較，得出是應該「堅持」、還是「放棄」。

你可能期望太高，追求完美，只有達到「最」字才能心滿意足。其實，實際情況並不能如你設想的那樣。在某些時候，「最好」是「好」的敵人。你可能浪費太多時間和力氣去夢想完美，結果卻沒有時間去做好該做好的事。

美國高爾夫球星博比・瓊斯說：「我一直到學會調適自己的野心之後才真正開始贏球。也就是對每一桿都抱有合理的期望，力求表現率良好、穩定，而不是寄希望於一連串漂亮揮桿的成就。」

有時候，完美確實是值得追求的——寄出的信件應該做到沒有任何錯字或錯誤的文法。希望創造降落傘、飛機起降設備的人也致力於完美。然而，有些完美即使辦得到，也不值得花時間去做。

借鑒拿破崙．希爾的方法：「將各種可行方案寫下來，針對每一個選擇列出優缺點，然後給這些優缺點打分數。通常每一個決定都有其優缺點，好的決策還應該包含了解發展的方向及有哪些優缺點，同時評估它們的重要性。使用這個紙上流程，你會驚訝地發現，做決定變得非常容易。」

拿破崙．希爾認為，時斷時續是造成浪費時間最多的方式。這種方式之所以消耗掉那麼多時間，不僅是停亂下來本身費時，而且重新工作時，需要花時間調整大腦活動及注意力，才能從停頓的地方接下去幹。

(1) 學會在大段時間內工作。你要學會在長達4～6小時內集中精力，幹你的工作。一個人一天有效率的工作時間無非也就是4～6小時，如果在這段時間內能集中處理掉手頭的工作，你就會對自己越來越自信。當然，在大段時間內，你必須做具體而明確的安排；甚至找個僻靜的地方，以免他人干擾。

(2)辦公室的設計應能避免干擾。如果你對自己的辦公室設計有發言權，可以把它設計成允許來訪者進入時他們才能進入的格局；可能的話，把辦公室安排在恰當的位置，以便你在外出或上廁所時看不見其他人。

(3)如你的職位需要，可雇一名效率高的祕書。祕書可以緩解他人來訪對你的打擾——由祕書去應付他們，直到你處理完你應該處理的事。

(4)工作時間應隔絕電話（例如把手機調靜音），或由專門負責人記錄電話，並告訴對方什麼時間再回電。

(5)學會清早起來工作。研究表明，早晨是工作的最佳時機，既受較少的干擾，又能收到顯著的工作成效。

許多人經常外出聯繫業務、搞推銷或因為一般性的工作出差，有許多時間浪費在路上；還有偶發的諸如交通事故、堵塞等造成的延誤時間。那麼，如何才能有效地利用這些時間而不造成浪費呢？唯一的辦法是預先安排，外出時帶上必要的活兒。拿破崙·希爾每次外出時，隨身的行李袋內都帶著一大堆活兒。成功人士的作法是在別人浪費的時間裡造就自己的成功。

## 4 別讓他人佔用你的時間

不管你身任何職，總得與人交往。這就免不了浪費許多時間。因為有的人好高談闊論，有的人喜歡慢慢細聊，有的人則談完話還賴著不走……寶貴的時間無端被他人佔用。那麼，如何才能做到不讓他人佔用你的時間呢？

學會對無關緊要的邀請說「不」——「對不起，我不能參加！我必須……」學會對朋友說「不」——「抱歉，現在不能幫你！不介意的話……」學會對上司說「不」——「我正在寫（處理）我們已經討論的報告（事）！我很願意參加那個會議。您看，放棄哪個好？」

想突然或盡快結束對話，最有效的方法是運用時間暗示法。這可以避免直接打斷談話，造成不必要的尷尬。

(1) 時間限制暗示。這個信息要在交談一開始就傳遞出來。如「4：30分我要出去打一個很重要的電話。」這比你到了4點25分再說更有效果。

(2) 肢體暗示。開始收拾文件；在椅子上將身體前傾；最明顯的是抬腕看錶或站起來。

(3) 停頓與沉默。持續拉長兩次回答之間的沉默時間。

(4)加速暗示。這一方法也可以在談話前就傳遞出來。如：「我知道你忙，但我有一個簡單的問題……」說「別人忙」是說「自己忙」的一種委婉說法，目的是使交談的腳步加快。打電話時也可以用這種方法。如：「我應該去開一個5分鐘前已開始的會議。但是，我不想談得太匆忙。我什麼時候可以再給你打電話？」

(5)找東西暗示。當你感覺到談話已到該結束的時候，對方卻仍滔滔不絕時，你可以用找東西的方式暗示他：該結束了。

(6)快速結束語。有人不會應用結束語，總是拖拖拉拉好幾次：「我先走了！不過，忘了告訴你一件事……」話題又來了。正確的方法是：「好了，何主任，有空再聊，先走一步。」說完就走。千萬不要婆婆媽媽。

# ch.15 健康才是一切

○一切成就，一切財富，都始於身心健康。

# 1 健康診所

## ❶ 保住你的「1」

「健全的心靈寓於健康的身體。」

有人會形象地比喻說：健康是頂天立地的「1」，事業、愛情、友誼、金錢、房子等都是「0」，它們共同組成了你宏大的成功——「100000……」；但當你失去健康，頂天立地的「1」倒下了，身後所有的「0」也變成零。

想成功，想成為一名領導者，一定要注意保持身體健康。你見過哪個領導人弱不禁風、形容憔悴？作為團體負責人的你，不能因為自己身體情況不佳，影響到所做的決定。

健康欠佳會減弱決策能力，因為達到一個目標若需要較多的體力和耐力，你可能因此放棄。即使這種影響只是在下意識，終究會讓你的決定不夠謹慎，波及到許許多多人。

因此，想擁有巨大的「1 0 0 0 0 0……」，首先要保住你的「1」。

## 2 奇異的能量

你有兩種類型的能量：一個是身體上的能量，另一個是心理上和精神上的能量。後者比前者重要得多，因為，必要的時候，你能從你的下意識心理之中，吸取巨大的能量。

例如，人們在緊張情緒的驅使下，能使自己的體力和耐力達到在正常情況下，根本不可能達到的程度。

曾經發生過一次汽車事故，丈夫被扣在翻了的汽車下面動彈不得。他那嬌小脆弱的妻子在這緊急時刻，竟然將汽車抬了起來，使丈夫得以爬出來。

拿破崙．希爾還講過這樣一個例子——

一位農夫14歲的兒子駕車翻到水溝裡去了。他看到溝裡有水，他的兒子給壓在車子下面，只有頭的一部分露出水面。這農夫並不很高大，一七〇公分高，七〇公斤重。但他毫不猶豫地跳進水溝，雙手伸到車下，將車子抬了起來，讓另一位跑來援助的工人把失去知覺的兒子從下面拉出來。事後，農夫驚奇自己的力量為何那麼大，竟將一輛卡車抬了起來？出於好奇，他再試一次，卻根本動不了那輛車。

其實，你身上也有這樣的能量，可以很好地加以運用。

## 3 測出你的壓力源

高速運轉的社會，每一個人，尤其是想有一番作為的人，內心無不存在一定的壓力。那麼，何謂「壓力」？

拿破崙・希爾的觀點是：「身體對一切加諸其上的需求所做出的無固定的形式反應。」也就是說，任何加於身體的負荷都是壓力的來源。

希爾做過一項民意測驗，列舉了43種生活事件的變化給人們造成的壓力，其中包括：貧困、失戀、失業、離異、喪偶、疾病等等。並且以年齡段的不同而不同。

### 青年人的主要壓力

(1) 擇業的壓力。學歷要求相對較高與就業機會率相對較低帶來的壓力。

(2) 各種時尚、潮流的誘惑構成的壓力。

(3) 由於工作、生活節奏的加快造成的身心壓力。

## 中年人可能遇到的壓力

(1) 事業上追求盡善盡美與現實之間的差距形成的壓力。
(2) 盡可能自我發展的期望與客觀工作環境之間的差距形成的壓力。
(3) 感情生活、婚娛生活不順帶來的壓力。
(4) 望子成龍的心理帶來的壓力。
(5) 心理與生理差異的壓力。

面對壓力，一些人認為有益，一些人認為有害。認為有害的人往往不能應付壓力，逐漸形成不健康的心理，最終使生活崩塌，淘汰出局。

正確的作法是——查出壓力源，採取適當的方式，化壓力為動力，走向高效的成功。

## 4 你有沒有病態心理

孤僻、易怒、固執、輕率、自卑、焦慮、嫉妒等異常心理及其它類型的變態心理，在日常生活中隨處可見。這些心理嚴重影響了人際關係的處理，也妨礙了工作、家庭和事業。

病態心理在心理學上也稱「人格障礙」或「心理病態人格」。

人格障礙的表現十分複雜，可分為三大群類——

〔第一群類〕以行為怪癖、奇異為特點，包括偏執型、分裂型人格障礙。

〔第二群類〕以情感強烈、不穩定為特點，包括戲劇型、自戀型、反社會型、攻擊型人格障礙。

〔第三群類〕以緊張、退縮為特點，包括迴避型、依賴型人格障礙。

做下面的自測題，查看你自己是否有人格障礙。只回答「是」與「否」。

(1) 固執己見，即使知道自己錯了，也不承認。

(2) 常常自我陶醉，看不起他人。

(3) 仇視社會現象，顯得格格不入。

(4) 把自己所遇到的困難歸咎於命運或認為是他人干擾所造成。

(5) 對不道德行為視而不見。
(6) 惡語中傷他人而不覺得後悔。
(7) 往往把自己的想法放在首位，不管他人的心情和狀態。
(8) 對自己不道德的行為進行辯解。
(9) 不輕易相信他人，總是猜疑一切。
(10) 不願拋頭露面，喜歡一個人獨處。
(11) 到公共場合，一說話就臉紅、緊張。
(12) 總喜歡有人伴著你，否則，就不能很好地入睡、工作、生活。

## 估測標準

回答「是」的比率佔8個以上，說明你有嚴重的人格障礙。
回答「否」的比率佔8個以上，說明你心理健康。
人格障礙主要是自我評價的障礙、選擇行為方式的障礙和情緒控制的障礙，集中表現為社會環境適應不良，即不能根據外界環境的信息，及時調整自己的行為。
對你的人格障礙，應以心理治療為主，包括適應環境能力的訓練。

## 5 給身心以充足的「維生素」

《氣候造人》的作者米爾斯說：「美國政府發現巴拿馬地峽一些居民在心理和身體的活動上過於呆滯。科學研究表明：這些居民所賴以生存的植物和動物中都缺乏維生素B。把硫胺——維生素$B_1$加到他們的食物中，同樣的人就變得更有活力，更加活潑。」

如果你感覺到身疲力乏，不妨檢查檢查自己是否也缺乏「維生素」？生理維生素可以通過調節飲食結構而補充，但你還要學會給你的心理和精神同樣添加維生素。方法很簡單——在報刊、雜誌和書籍中尋找這些維生素。

實際上，下意識心理就像一個蓄電池，你可以從裡面獲得巨大的能量，這種能量又能轉變成身體的活力。如果你允許消極情緒在這裡面造成「短路」，能量就會被浪費掉。如果能量被很好地利用，它就不僅不會被消耗掉，反而能增長許多倍，正如同發電廠的發電機能產生大量有用的電力一樣。

《成功無限》的作者吉萊爾曾分析說，不必要的「憂慮、憎恨、恐懼、狐疑和憤怒」會浪費能量。他說：「所有這些浪費能量的元素，也能很容易地轉換成產生動力的元素。」

為了說明這一點，他畫了兩幅電力廠的圖畫——

一幅是一些爐子張著爐口，紅色的火焰在爐內吼叫著；鍋爐的水在沸騰；蒸汽正在推動活塞，轉動巨大的發電機；有著金色表面的銅質線圈正在飛速旋轉；綠色和藍色的火花在下面閃耀；粗大的電纜一根根架在空中，一直通到配電盤，正輸送電流到全城各地，以供數以千計的用戶的各種用途。

另一幅畫的場景也一樣，唯一的差別在於沉重的電纜不是架在配電盤上，而是插入一個水桶，實際上全部電力都浪費了——沒有一部升降機能運行，沒有一部機器能開動，沒有任何一只燈能發光。

由此，他得出的結論是：「兩個人用同樣的方式，同樣多的能量，做同樣的工作，存失敗之心的人得到的是失敗，存成功之心的人得到的是成功。」

在動物界中，只有人才能主動從內部通過他的自覺意識功能，控制自己的情緒。愈是文明、高尚，愈有教養，就愈易於控制自己的感情和情緒——如果你願意這樣做。

「把你的能量放在你想要得到的事物上，使它遠離你所不想得到的事物。」如此，你的情緒才能立刻受到行動的支配，心理與精神能量才能充分發揮。

# 2 你可以恢復健康

## 1 消除心理壓力

當你受到壓力時，應該對壓力有一個正確的評價，並採取樂觀開朗的態度對待它。否則就會給你帶來心身疾病的負面影響。比如，兩個同時從一個公司，一個職位失業的人，一個因不堪重負、灰心喪氣而得了重病；另一個卻因開朗樂觀，終於在別的崗位上實現了自身的價值。

這種結果固然與兩人的機遇、性情等不同有關，但有一點不容置疑，就是兩人對待壓力的不同態度和身心兩方面的影響有很大的關係。

正確的評價與應對方式可以弱化外來不良刺激的強度；錯誤的評價與應對方式則可以強化不良的結果。

有氧運動即舒緩、有助於充分呼吸的運動，如走路、打太極拳、跳舞、騎車、爬山等。這些運動能讓血液循環運作更充分有效，還能強化心臟與肺部功能，直接增強腎上腺素的分泌，強化整個身體的免疫系統，從而練成更強的「體質」，以應付生活中的各種壓力。

心理學家會視患者個人的情況，給予個別的指導和心理治療，但最主要的還是要學會自我調節，運用自律法達到減輕壓力的效果——

①覺得疲倦了，就平躺在地板上，儘量把身體伸直；如果不能躺，可以坐在椅子上。

②閉上眼睛，深深吸氣，然後緩緩呼氣。

③默念重感公式：我感覺到右手很沉重……很沉重……放鬆……讓沉重的感覺沿著手梢沉下去，沉下去……越來越鬆了……鬆……了……

④大自然現在非常寧靜，周圍的嘈雜聲都遠去了……遠去了……去了……去……了……天地間就剩下你一個人靜靜地……靜靜……地……

⑤你的呼吸越來越平緩，明顯地感覺到自己起伏的胸脯與心跳那麼和諧，那麼規律，那麼平穩。聽，「砰、「砰、砰」……多麼有規律的心跳聲。

⑥你沒有任何煩惱了。泉水叮咚響著，雪白的蝴蝶在青青草地上飛動著……越來越響的山泉聲……多麼富有生命力……你完全沉浸到越來越響的水聲中了……

⑦水聲漸遠……你聞到清新的花香，感覺到清涼的水汽……開始感到非常清爽與輕鬆……

⑧慢慢睜開你的眼睛。

——你還有煩躁不安的感覺嗎？

## 2 人格障礙的種類

人格障礙三大群類中，影響日常生活的主要有以下幾類：神經症焦躁、歇斯底里症、精神分裂症、神經質躁鬱、神經質抑鬱、反社會型神經質。

## 3 神經症焦躁

患有這類病症的人往往做事過於認真，什麼事都不幹到底決不罷休，對一點小事也耿耿於懷；不善於交際，容易自我封閉，易受他人的言行刺激，在日常生活中容易緊張，承受精神的疲勞。日常症狀是：頭痛、頭重、目眩、感覺嗓子受噎、呼吸困難、小小的刺激便會加快心跳、心思散亂無頭緒——一會兒想到失敗，一會兒想到萬一出現意外事故怎麼辦等等不安和恐懼的事。

那麼，如何克服這類病症，把心神用在有價值的事上呢？

(1)心情不舒暢時，請做些體育運動直到出汗，然後心無所思地讀讀愛看的書，聽聽音樂，使心情變得輕鬆愉悅。想像所有的事情都能順利進展，工作前要充分休息，工作時不拘泥於小事，深思熟慮，積極行動。

(2)如果有什麼不安或擔心的事，把它寫在紙上。能辦到的事上打「✓」；不能辦到，需要花些時間才能辦到的打「？」；不能辦到、還有其他原因的打上「×」。對打「✓」的事，具體寫上什麼時候、如何處理，決定必要的費用、合作者、處理方法等。從能開始做的事開始做，不能做的就打消念頭。一定要確立孰重孰輕及解決問題的先後順序原則。

(3)受到各種想法困擾時，不妨索性放鬆自己，去旅遊、爬山、高聲唱歌、在無人處大聲說出心裡的憋悶話，直到心情愉快為止。

## 4 歇斯底里症

患有這類病症的人通常是愛社交、愛說話的人，經常在他人面前表現出言行不真實、喜歡打扮、衣著引人注目、虛榮心強。因此，一旦受到各種外界壓力，便轉換成疾病式的症狀；欲望不能滿足時，也會爆發各種不健康的身體症狀，如摔本子、筆、書、碗、盤等，或大喊大叫、揪扯頭髮等。這類人的本質往往是精神上不成熟、任性，缺乏對欲望的忍耐力和處理能力。另外，性格上還有喜歡照料他人、感情深厚、為他人盡心盡力的一面。

反省自己的言行是否正常。睡覺前，冷靜客觀地回想自己的平常言行，並設身處地站在他人的立場上想想能不能接受這些言行；問自己為什麼會採取那樣的行動，為什麼那樣說話，怎麼會激怒對方，為什麼自己氣鼓鼓的……

通過讀書，提高自己。比如作為社會人的正確觀點、思考方法、人生觀、人際關係、工作態度、自我啟發方法等等。

通過記日記反省自己。反省自己一天的工作、生活，以及對待他人的態度、言行，分析自己心靈深處的欲望、不滿和煩惱，找出合理的方法疏通、發泄出來。

情緒高漲時不妨給自己降溫。在心裡喊：「冷靜下來！冷靜下來！一定要冷靜！」待情緒穩定後，用另一種眼光看待所面臨的問題。當你養成這個習慣，在任何場合就都能應付自如，任何事也不會再使你失去理智。

## 5 精神分裂症

這類人的表現是性格孤獨，討厭與他人接觸，自我封閉，言語極少，即使有，也是毫無條理的話，是一種與周圍的人沒有親切感、精神上隔離的心理狀態；沒有感情上的喜怒哀樂，完全無視一般人感興趣的東西；毫無表情地對待工作，工作沒有按計畫進行時，自己也不能確切地判斷；言行舉止無活力、無個性，缺乏人情味。這類病症一般多發生在20歲前後的青年人身上；尤其在入學、就職等動盪時期發病率較高。

一般分為以下幾種類型——

單一型——無力氣、無感情、無表情，不能獨立生活，一般容易被看作怪人；工作沒有責任感，不與周圍的人說話，行動遠離現實。

破瓜型——思維混亂，言辭顛倒；表現出特別的思考障礙；常常訴說自己的行動受人操縱、別人窺探自己的秘密、別人在背後說自己的壞話，等等。

緊張型——感情和行動異常。有突然離家出走的衝動行為，給飯不吃的拒食行為，大叫大嚷、手舞足蹈的激奮行為，終日呆坐、臥睡、傻立、長時間盯著一個物體等異常行為。

妄想型——現實和想像完全沒有關係，不僅公開說自己是個天才，還認真地把實際上沒有關係的人說成知心朋友，誇張一些的，還會說自己是秉承天意來拯救人類等等狂妄的言語。

通過積極的行動打開心扉。遵守起床安寢的時間，生活有規律；養成散步的習慣；有目的地做事情；做簡單的體育，從單人項目過渡到眾人一起配合的比賽；儘量與人對話，努力尋求與他人接觸的機會。

注意觀察自己的言行，及時改進。發現自己的言行與他人不一樣或自己的言行引起他人過分注意時，就要請教可信賴的人或專科醫生。還要想想自己與他人言行不同的原因。冷靜地思考一下，堅信只有自己才能消除自己的人格障礙。

## 6 躁鬱症

這類人的性格表現為毫無緣由的亢奮活躍，多言多語；不知疲倦，總是忙這忙那；浮躁，說做就做，沒有計畫性；好冒險，但對失敗缺乏反省；思維分散，不能集中到一點，不能將工作持續到底；好變動，早晨熱衷的事到下午就失去信心。如果不能及時克服或治癒，就不可能有好的心身健康，也不可能獲得任何成功。因此，一定要重視。

事前冷靜思考，控制自己的情緒變化。行動前，首先冷靜地思考一下，自己到底要做什麼。冷靜客觀地看待自己的情緒高漲。多問幾個為什麼：為什麼這樣做？能不能堅持？有沒有必要這樣做？這樣做對他人的影響如何？做事有了目的，才能條理清晰。

做一些細慢的活，磨煉自己的性格；做事要有間隔時間，體會慢慢工作的感受；說話注意多停頓，別讓感情一下子爆發出來。

做事情要有始有終。千萬不要圖快草草收尾；不焦躁、不虛浮，踏踏實實，一件一件完成；一次完成不了，分兩次。這既能治癒你的躁鬱症，又能養成穩紮穩打的工作習慣。

## 7 抑鬱症

與躁鬱症相反，表現為缺乏活力，對什麼事也不感興趣，對將來不抱希望，悲觀厭世；常常心情煩躁，討厭所有事物，自尋煩惱；過分重視失敗，為小差錯苦惱不堪；人際關係上樸實、消極，沒有主動性，自卑感強，自認為是低能、沒有價值的人。這種抑鬱狀態大多是因為承受不住工作上、生活上的精神打擊。

那麼，如何才能避免其不良影響，做個身心健康的人呢？

改變生活習慣，早晨早點起床，進行稍稍出汗的長跑；提早上班，讀讀報紙及有興趣的刊物；減少工作目標和次數；儘量多參加討論會、演講會，多與充滿活力的人接觸，養成積極主動的習慣。

可能的話，全部或暫時地脫離你目前正在做的事情，休養一陣子，恢復元氣，調節好運動和休養的平衡。能去外地旅行一次，也很棒！

休養並不是指要求你一個人獨處，而是要到融洽愉快的環境裡充實身心，與共同語言較多的人一起生活。不能太與外界隔絕，要充分了解社會動態，以產生新的目標與想法。

——只有生活得有意義，才是消除抑鬱症狀的根本之道。

## 8 反社會型神經質

這類人格障礙表現為：在快活、活躍的反面，常常有與人衝突，顯示自己力量的大膽舉動；具有惡意解釋各種社會現象，以反抗的態度顯示自己的強烈傾向；意志薄弱，雖然知道不好，卻又容易受誘惑，大多是追求享樂、缺乏自制力的人；稍有不順的事便怒髮衝冠，甚至殘酷地訴諸暴力。文化層次高的患者往往愛唱高調，否定現實社會，為了實行自己的主張，使自己的暴力行為正當化，又堂而皇之，賦與反社會行為革新的名義。這種症狀的根本在於自我中心、幼稚、過分自信、虛榮心、突發的感情、憤世嫉俗等非理性因素的干擾。

## 9 體育運動可以增強你的能量

你已知道你身體中潛藏著非常神奇的能量，現在我們就告訴你如何有效地運用它。美國《運動畫報》撰稿人、運動員班尼斯特說——這完全可以用運動方式完成。他撰文說：「我用心理訓練和身體訓練相結合的方法進行鍛鍊，於一九五四年5月6日，第一次打破了4分鐘跑一英里的世界記錄，實現了體育界長期以來所尋求的夢想。」

他用好幾個月時間進行心理控制訓練，使自己適應「這個成績是可以達到的」信念。事實證明，他做到了。後來的運動員運用同樣的訓練方式，先後上百次打破該記錄。

教給班尼斯特創造奇蹟的人是庫里頓博士。庫里頓博士發展了關於身體能量水平的革命新觀念。他指出，心理訓練的方式可以應用於運動員，也可以應用於非運動員。它能使長跑運動員跑得更快，使普通人活得更久。「沒有『為什麼』的理由，」他說：「任何人在50歲時都不能像20歲時那樣適應環境──除非他懂得如何訓練他的身體。」

班尼斯特的方式是：學會把一個大目標分解為若干小目標。他推論：一個人跑一個1/4英里比他連續跑4個1/4英里快些。所以他訓練自己分開想一英里中的4個1/4。他在訓練中先是衝刺第一個1/4英里，然後繞跑道慢跑，作為休息；接著再衝刺另一個1/4英里。他的目標是以58秒或更少的時間跑完1/4英里。訓練一段時間後，他再跑整圈：衝刺完一個1/4，接著再衝刺另一個1/4。心理作用這時就幫他超越極限，從而創造了奇蹟。

## 10 記得給自己充電

當你的能量水平很低時，你的健康和優良的性格就可能被消極的情緒所壓制，就像蓄電池用完，機器無法正常運轉一樣。當你的能量水平降到零時，你便等於死了。因此，你要及時給你自己充電，以免消耗殆盡。

下列八項能量表，可幫助你知道何時充電——

(1)過分嗜睡，過分疲倦。
(2)不機智，不友好，好猜疑。
(3)易發脾氣，好侮辱人，對人懷著敵意。
(4)易受刺激，愛挖苦人，吝嗇。
(5)神經過敏，易於激動，歇斯底里。
(6)易於煩惱、恐懼、嫉妒。
(7)性情急躁，殘酷無情，過分自私。
(8)易受挫折，沮喪，易動感情。

當你的行為出現上述現象時，表明你的能量正在悄悄下降，應積極地給自己充電。那麼，怎樣才能充電呢？

(1)學會放鬆自己；其實任何一種精神和情緒上的緊張狀態，在完全放鬆之後就不會繼續存在了。放鬆自己並不是要求你先從放鬆思想和神經開始，應該先放鬆肌肉。

(2)保證充足的休息和睡眠；休息同鍛鍊同樣重要，是保證身體健康的三元素之一。沒有好的休息，就沒有好的身體。體魄再強健的人，如果讓他三天三夜不休息，你看看他會變成什麼樣？

——許多非理性的精神疾病往往是休息不充分所造成。休息與睡眠是最好的充電方式之一。

## 11 用積極的心態去獲取健康

積極的心態對你的健康、工作都起著重要的作用，會促進你的心理健康和身體健康，延長壽命。消極的心態則一定會逐漸破壞你的心理健康和身體健康，縮短你的壽命。

美國的石油大王洛克菲勒活了98歲，發明大王愛迪生活了84歲，鋼鐵大王卡耐基活了84歲，日本企業鉅子松下幸之助活了95歲，拿破崙・希爾活了87歲⋯⋯

這些人之所以能成功，能長壽，就是因為他們時刻用積極的心態迎接事業，迎接生活的結果。積極心態的兩大報酬就是心理健康和身體健康。真的，用你的實踐努力去驗證吧！

有一位年輕的銷售經理懷疑自己快死了，並買好了墓地——僅僅因為他感到呼吸急促，心跳加快，喉嚨梗塞。醫生認為他沒什麼大毛病，建議他休息幾天。

他在家裡休息了一段時間。但由於恐懼，呼吸變得更加急促，心跳更快，時時感覺到死亡即將來臨。後來有人建議他到科羅拉多州度假。依然沒有效果。

拿破崙・希爾建議這位經理到一家診所去徹底查清病情。按照建議，他的一位親戚開車送他到那家診所——他甚至害怕死於路中。

全面診斷後，醫生說，他的病症是由於吸進了過多的氧氣。他笑了起來：「那太愚蠢了……我怎樣對付這種情況？」醫生說：「當你感到呼吸困難、心跳加快時，可以向一個紙袋裡呼氣，或暫且屏住氣息。」他依照醫生的辦法試了，呼吸果真正常了，喉嚨也不梗塞了。此後，每當他的症狀發作時，他總是屏住呼吸一會兒。幾個月後，他不再為自己的身體狀況害怕，病症也隨之消失。

你懷疑自己的健康嗎？不懷疑自己健康的辦法就是要相信自己很健康——

(1) 每天早晚都要對自己喊幾聲：「我覺得很健康，我覺得很愉快，我覺得自己大有作為。」

(2)用意念感覺自己的「健康狀態越來越好」。

(3)反覆提醒自己——健康把握在自己手中。

洛克菲勒是成功名人中最長壽的人，他的長壽之道很值得你借鑑。

(1)每星期日去參加禮拜，記下所學到的原則，供每天使用。

(2)每晚睡8小時，每天午睡片刻，適當休息，避免過度疲勞。

(3)每天洗一次盆浴或淋浴，保持乾淨和整潔。

(4)移居佛羅里達州，那裡的氣候有益於健康和長壽。

(5)過有規律的生活。每天到戶外做喜愛的運動——打高爾夫球，吸收新鮮空氣和陽光，定期進行室內運動、讀書和其它有益的活動。

(6)飲食有節制，細嚼慢咽；不吃太熱和太冷的食物，以免燙壞或凍壞胃壁。

(7)汲取心理和精神的維生素。每次進餐時，都說文雅的語言；同家人、祕書、客人一起讀勵志的書。

(8)雇用家庭醫生。

(9)把自己的一部分財產分給需要的人共享。

洛克菲勒的長壽之道始終以積極的心態貫穿其中。你借鑒之時，也別忘了以你的積極心態去學習，並做到「持之以恆」。只要運用積極的心態去生活，你一定能得到健康長壽。

## 12 學會正確的飲食之道

與健康旺盛的生命力相關的另一大因素是營養。

營養、休息、運動是一個生命體賴以存活的根本條件，三者缺一不可。人體所需要的營養主要從每日吃進的食物、水分中得到。正確的、好的營養成分來自於正確的、好的飲食之道。因此，想健康，就必須採行科學的飲食之道。

(1) 不飲食過量，飲食切忌隨心所欲；飲食過量，短時間內突然進食大量食物，勢必加重腸胃的負擔，使食物滯留於腸胃，不能及時消化，影響營養的吸收和輸通，脾胃功能也會承受過重的負擔而受損。「食量大的人不會健康」——就是這個理。

(2) 限制食量；德州大學的馬沙洛博士做了一個很有意思的實驗——把一群實驗老鼠分成三組：第一組任由牠們吃；第二組把食物減了四成；第三組也

任由牠們吃，但蛋白質的攝取量減半。兩年半後，第一組老鼠的存活率為33%，第二組存活率為97%，第三組存活率為50%。可見，想延長壽命，最好的方法就是減少食物的攝取量。

拿破崙．希爾說：「如果你想身體健康，那就吃七分飽。」

(3)食用富含水分的食物；拿破崙．希爾認為——藥丸不能治療體內的毒素，多喝水可以將毒素排出。

猶太人發明的22／78學說暗含了自然界的普遍規律。空氣中的氧氣成分約佔22%，其它氣體合佔78%；地球表面，陸地約佔22%，海洋面積約佔78%；人體內血肉與水分的比例也剛好吻合這一規律：水分佔體重的78%。人體的新陳代謝、細胞保持生命的活力都離不開水。因而，你每天除了定量補充一定的水分（茶、牛奶）外，還必須吃一些新鮮的水果和蔬菜。

除了以上三種方法，你還必須養成有規律的飲食習慣——

(1)每天攝取熱量約一千到一千五百卡路里，固定補充礦物質與維生素。

(2)改變用餐順序。先喝湯，再吃蔬菜類食物，肉類食品和米飯最後吃。因為先吃熱量低的食物，可以減少對高熱量食物的食欲。

(3) 每餐只吃七分飽，最好採取少食多餐的飲食習慣。

(4) 吃完飯，稍微活動一下，可讓脂肪在尚未儲存前就消耗掉。

(5) 減少油脂使用量。油類中含大量脂肪，而脂肪所含熱量是蛋白質和糖類的兩倍以上。

(6) 多喝開水。汽水和可樂西含有高熱量，儘量避免飲用。多喝開水可以促進新陳代謝，幫助熱量的消耗，消滌腸胃。

(7) 不要多吃高熱量的食品，像巧克力、蛋糕、油炸食物等。

# ch.16
# 重塑全新的自己

○不滿意你的過去，也不滿意你的現狀，那就打破自己，重新塑造新的你——從養成好的習慣做起。

# 1 你能駕馭習慣的力量

習慣是一種很強大的力量。一般人往往只看到它不好的一面，而不是它美好的一面。習慣往往會成為一個嚴酷的暴君，統治及強迫你違背自己的意願、欲望與愛好。那麼，這股強大的力量是否能夠控制及利用，使它為你提供服務呢？

答案是肯定的：你絕對可以支配、利用及指揮習慣替你工作，而不必被迫聽任習慣去支配你的行為與個性。你是你命運的主宰，更是你習慣力量的駕馭者。

習慣是一條「心靈路徑」。你的行動已經在這條路徑旅行多時，每經過一次，就會使這條路徑更深一些，更寬一些。

如果你走過一處田野，或經過一處森林，你一定會很自然地選擇一條最乾淨的小徑，而不會走比較荒蕪的，更不會去橫越田野或從林中直接穿過，自己走出一條新路來。心靈行動的路線完全相同，它會選擇最沒有阻礙的路線行進——走上很多人走過的路。

習慣是由重複創造出來的，並根據自然法則而養成，可在有生命的物體上表現出來，也可以在沒有生命的物體上表現出來。一張紙一旦以某種方式折起來，下一次它還會按照相同的折線被折起。衣服或手套會因為使用者的使用，形成某些褶痕，而這些褶痕一旦形成了，就會經常存在，除非你下力氣熨平它。

你已經知道了「習慣是由於重複的結果」，那麼，你完全可以開闢新的心靈路程——新的心靈褶痕，然後重複它。還有——一定要隨時記住這一點——若要除掉舊習慣，最好，也可以說是唯一的方法就是培養你的新習慣，對抗以及取代不妥的舊習慣。

開闢新的心靈路徑，並在上面走動，以至旅行，舊的道路很快就會被遺忘，而且時間一久，就會逐漸被荒原所吞沒。當你下決心開闢出新的道路時，別忘了一定要經常在上面勤走動；也就是說，一定要學會重複、重複、再重複。

你一定要堅信這一點。當你養成了積極心態，當你養成了有計畫地制訂人生目標的習慣，養成了用正確的思考方法思考的習慣，養成了熱忱的習慣，養成了正確面對失敗的習慣，養成了善於控制情緒的習慣，養成了守時守信的習慣，養成了有利於健康的習慣之後，你還會懷疑你不是一個成功者嗎？

具備這些習慣的你已經不單單是一個「成功者」所能涵蓋的，你已經是一個「聖人」，一個地地道道、十全十美的人了。

事實上，失敗者與成功者之間，唯一不同之處在於他們不同的習慣。好的習慣是開啟成功之門的鑰匙，壞的習慣是打開失敗之門的鑰匙。在你過去的時間裡，你的行為也許受世俗、偏見、貪婪、恐懼、環境等等支配。這也許是你至今未能獲得成功的原因所在。因此想要成功，必須遵守的第一個原則便是：養成餐好的習慣，並全心全意去實行。

用好的習慣對待生活、事業，成功便會期然而至。

「今天是你新生命的開始。」你一定要對自己反覆說這句話。別以為這是自欺欺人。要知道，積極的心理暗示遠比別人對你的督促有效得多。

拿破崙．希爾的朋友、《世界最偉大的推銷員》作者曼丁諾就經常對自己說：「今天是我新生命的開始。」以培養積極心理暗示的好習慣。

當你反覆念誦這些話的時候，它們很快就會成為你精神活動的一部分。最重要的是，它們會溜進心靈，變成奇妙的源泉，永不停止，創造幻境，使你做出你不能理解的事。

當話語被奇妙的心靈完全吸收，每天早晨，你便會開始帶著以前從來沒有過的一種活力醒過來，你的元氣將會增加，熱忱將會升高，你迎接世界的欲望將會克服一切恐懼，你將會比你想像中的快樂更快樂。

# 2 新生，從破除舊我開始

## 1 調動「培養好習慣」的心理暗示

好習慣的養成需要好的心理暗示。如同你選擇新的路徑時需要借助大腦的判斷一樣，你首先得有積極的心理暗示。積極的心理能使人把麵粉當藥劑吃而治好病；消極的心理卻能使人把良藥當毒藥吃而送了命。

暗示的力量，不乏令人深思的例證——據報導，某醫院一個醫生在給一位病人進行肺部透視時，突然發現自己白大褂上被釘子勾了一個洞，便情不自禁地說：「啊呀！這麼大一個洞！」正在做透視的病人以為自己肺上有個大洞，大驚失色，頓時昏厥過去。這是醫務人員語言的不慎給病人造成的消極心理暗示的結果。

還有一例是這樣的：兩個人先後到醫院做胸透，其中一人患有肺結核，另一人健康。但因醫務人員的疏漏，填錯了他們倆的檢查報告單，使有病的那人以為自己健康，健康的那人卻誤以為自己有病。結果，那個真正患有肺結核的病人不治而癒，而那個根本就是健康的人卻因受到錯誤報告單的暗示，住進了醫院。

積極的心理暗示具有強大的力量——查理士・修瓦普是連鎖工廠的大老板。在眾多工廠中，有一家生產情況特別差。修瓦普去找那位廠長，了解其中的原因。廠長說他試了種種方法，命令、獎勵，甚至奉承，工人就是提不起工作的興趣。當時正好夜班和日班交班，修瓦普拿了支粉筆，走向車間。他問一位快下班的日班工人：「今天你們共澆鑄了幾次？」

「六次。」那位工人回答。

修瓦普不說一句話，只是在地板上寫了一個很大的「6」字，就出去了。

夜班工人進廠時看見地上的字，問日班工人，那是什麼意思。

日班工人回答：「剛才老板進來，問我們澆鑄了幾次，我回答6次，他就在地板上寫了個『6』字。」

第二天早晨，修瓦普又到車間，發現地板上的「6」字已經被改成「7」。日班工人看見了地板上的「7」字，知道夜班的成績比他們好，不覺產生了競爭心。下班時，日班工人很得意地在地板上寫了「10」字。此後，工廠的生產率與日俱增。

——這是一則巧妙的心理暗示造成的積極結果。

明白了暗示的力量後，你就應該用暗示的力量去培養你的好習慣。不斷地對你自己說：「每一天，在我的生命裡面，我都有進步。」每天早晨起床後對自己說聲：「我是最棒的！我是最優秀的！我一定能成功！」然後精神抖擻地開始一天的工作和生活。同時，別忘了你的「目標」。

## 2 培養良好的工作習慣

良好的工作習慣可以消除疲勞，提高效率，又能獲得他人的好評。消除你桌子上的紙張，只留下與你與要處理的工作有關的紙張。桌子堆滿很多種文件的人，若能把他的桌子清理開來，留下手邊待處理的一些，就會發現他的工作更容易，也更實在。

羅南．威廉士稱這種方法為「家務料理法」，是提高工作效率的第一步。「秩序，是天國的第一法則。」一個成功人士應該先從自己的辦公桌上認識自己。不要讓桌子上堆滿信件、報告和備忘錄，從而使你產生混亂、緊張和憂慮的情緒。零亂的雜物經常會讓你想到還有「那麼多事要做，可是沒有時間呀！」這不但會使你憂慮、緊張和疲倦，也會使你憂慮得患高血壓、心臟病等疾病。

從現在開始，讓你的辦公桌乾乾淨淨。別造成你「日理萬機」的假象。碰到問題時，如果必須做決定，就當場解決，不要遲疑不決。

學會如何組織，分層負責地監督。

這一工作習慣可以幫你從很多不必要的小事所造成的混亂中解脫出來，避免匆促、憂慮、焦急和緊張等壓力感。找出你信任的人，將你的權責層層下放。不要凡事都堅持事必躬親，只需你高層建瓴、宏觀調控就行了。

## 3 培養守時的習慣

你約會，還債，或者實現其它方面的諾言時，有沒有違背時間的約定？如果以前有，就讓它過去。但從今天起，決不能再允許它們出現一次，因為今天是你新生命的開始，你要走出新的心靈褶痕。褶痕之一便是——做個遵守時間的人。

「守時的習慣」對任何一個人來說，都具有很大的好處和利益。「守時」首先是一項特別有價值的無形資產。「時間就是金錢。」這句話對現在這個時代來說，意義更加深遠。你承擔不起對他人的一分一秒的浪費，也承擔不起因違約而造成的人格責任。

一個成功的商人和公司，他們必定準時接受訂單、交貨、提供服務、付款、還債以及其它事項。如果違背了約定的時間，顧客下次可能就到別的地方訂貨了。

那麼，如何才能養成守時的好習慣呢？

(1) 寫下你今天所要約定和處理的事情。用彩色顏色標明時間（注意，是兩種時間，一為約會時間，一為準備時間），以示提醒。

(2) 時間一到，立即放下手頭的其它工作，不管其重要與否。

(3) 每天都要堅持。

## 2 培養良好的睡眠習慣

良好的睡眠習慣不僅能使你健康長壽，還可以使你精力充沛，遠離疲勞。每天晚上十一點以前一定上床睡覺，絕不熬夜。洛克菲勒不僅是最會賺錢的人，也是最會休息的人。他在午睡的時候，絕不允許任何人打攪；哪怕是美國總統打來的電話，他都不接。棒球名將康黎．馬克說，每次出賽之前如果不睡個午覺，到第5局就會覺得精疲力盡。

## 3 培養胸襟開闊的習慣

性格也是由習慣所造成。積極、健康、向上的習慣會塑造出積極、健康、向上的個性；消極、落後的習慣就會塑造出消極、落後的個性。

性格在人際交往中是一個很突出的問題。很多困擾及難題的產生常常起因於人與人之間不能和諧相處和溝通。由於彼此個性的衝突，造成了許多家庭破碎、友誼決裂、勞資矛盾，甚至國與國之間也常因為觀點未能一致，演變成干戈相見。

心胸開闊的個性會使你成為一個受人歡迎和愛戴的人；心胸開闊的個性會使你有機會成為人生舞台上的焦點人物，扮演重要的角色；心胸開闊的個性會使你化敵人為朋肴，廣納批評與建議；心胸開闊，也只有心胸開闊，你才能更容易地從一個成功走向另一個成功。

班傑明．富蘭克林用「糾正自己的錯誤」法改掉了他傲慢、粗野的習性。

富蘭克林立下一條規定：決不正面反對別人的意見，也不准自己太武斷。「我甚至不准許自己在文字或語言上措辭太肯定。我不說『當然』、『無疑』等，改用『我想』、『假設』、『我想像一件事應該這樣或那樣』或『目前我看來是如此』。當別人陳述一件我不以為然的事時，我決不立刻駁斥他或立即糾正他的錯誤。我會在回答時表示，在某些條件和情況下，他的意見沒有錯，但在目前這件事上，看來好像稍有兩樣等等。我早就領會到改變態度的好處；凡是我參與的談話，氣氛都很融洽。我以謙虛的態度表達自己的意見，不但容易被接受，更減少一些衝突；我發現自己有錯時，就勇於糾正，並不感到有什麼難堪。」

## 4 培養從容不迫的習慣

在任何場合，如果能夠保持從容不迫，順應自然的態度，任何事情就都能應付自如。一些偉大人物都是「鎮靜」的高手，面對突然的變故，仍然鎮定自若。因為他們懂得，不能慌，慌就無法思考應付的妙招。如果他們慌了，周圍的人更將失去主見，那就慌作一團了。因此，他們大都大喝一聲：「慌什麼？」這一半是對別人說，一半則是自我暗示。

「自我暗示」是你培養從容不迫的習慣的方法之一。

感到慌張，大腦就會失去正常的思考能力，做任何事都丟三落四，語無倫次。這時候，你要有意地放慢動作的節奏，越慢越好，並在心裡說：「不要慌！千萬不要慌！」動作和語言的結合暗示，會使你慢慢鎮靜下來。

「動作和語言的結合暗示」是你培養從容不迫的習慣的方法之二。

沒有見過大場面的人，一到人多的場所，就會周身不自在。克服這種心理的方法是把所有的人都當成朋友，點點頭，大聲招呼，別人自然也會致意回應。他可能永遠也無法想起曾經在哪兒認識你，但你已因此消除了緊張。

## 5 培養運動的習慣

煩躁不安時，不妨去運動運動。拿破崙・希爾說：「煩惱的最佳『解毒劑』就是運動，就是培養運動的習慣。」煩惱時，請多用肌肉，少用腦筋。肉體疲倦了，精神也就隨之得到休息。運動的習慣不僅能強身健體，還可保證你旺盛的精力。

# ch.17 迎接成功

○現在你什麼都具備了，唯一要做的事是：立即行動起來，迎接成功。

## 測試你的成功商數

拿破崙・希爾為了幫助我們了解自己，準備了一張個人問題分析表。此表已幫助許多人正確地了解他們自己。你已經在前面的章節中進行了許多測試——信心、智力、性格、健康等等。但是，這個測試和其它測試是有區別的。前面的測試充其量是為了認識自己的個性、心理屬於哪一類，這個測試則是為了迎接即將到來的成功。它可以幫助你——

一、指導你的思想進入你所希望的渠道。
二、指明你在成功之路上現處的位置。
三、幫助你確定你該向何處去。
四、估量你到達你所嚮往的目的地的可能性。
五、指明你現在應有的抱負和其它特點。
六、激勵你用積極的心態去行動。

現在請你立即盡力回答下面「成功商數分析表」上的問題，儘量做到準確和真實，而不要愚弄自己。只有真實地回答每一個問題，這個測試才能有效。只要求你回答「○」與「×」。

(1)你已經確定了一生中主要的奮鬥目標嗎？

(2)你已經定下實現那個目標的期限嗎？

(3)你制訂了達到那個目標的具體計畫了嗎？

(4)你制定的那個目標將給你帶來一定的利益嗎？

(5)你知道積極心態的意義是什麼嗎？

(6)你能控制你的心態嗎？

(7)你知道任何人都能用充分的力量控制的唯一東西是什麼嗎？

(8)你知道怎樣去發現你自己和別人的消極心態嗎？

(9)你知道怎樣使積極的心態成為一種習慣嗎？

(10)你是否養成了一種習慣：使你所付出的勞動比你所得的報酬更多更好？

(11)你知道職工何時才有資格多得報酬嗎？

(12)你是否聽說過有人在某種職業中取得了成功，而他做的事並不比他得到的報酬所要求他做的事更多？

(13)你是否認為任何人都有權要求加薪，只要他付出的勞動超過他所得的工資？

□ □ □ □ □ □ □ □ □ □ □ □ □

(14) 如果你是你自己的雇主，你會對你現在作為一個雇工所做的服務感到滿意嗎？
(15) 你是否把不斷學習有關你的職業的更多知識作為你的職責？
(16) 你是否有一種習慣：對你所不熟悉的問題發表「意見」？
(17) 當你需要知識時，你知道如何尋找嗎？
(18) 當你生氣時，你能沉默不語嗎？
(19) 你習慣於三思而行嗎？
(20) 你易於喪失耐心嗎？
(21) 你的性情一般是平和的嗎？
(22) 你習慣於讓你的情緒控制你的理智嗎？
(23) 你總是通過影響別人來使自己達到目的嗎？
(24) 你相信一個人沒有別人的幫助也能成功嗎？
(25) 你相信一個人如果受到他的妻子或其他家庭成員的反對，他在工作中也能很容易地取得成功嗎？
(26) 你相信雇主與雇工融洽地在一起工作有好處嗎？
(27) 當你所屬的團體受到讚揚時，你感到自豪嗎？

(28)你相信你有無窮的智慧嗎？ □
(29)你是一個正直的人嗎？ □
(30)你相信你有能力去做你已決定的事嗎？ □
(31)你是否能理智地擺脫以下七種恐懼——
①恐懼貧窮；②恐懼批評；③恐懼健康不佳；④恐懼失去愛；
⑤恐懼失去自由；⑥恐懼年老；⑦恐懼死亡？ □
(32)你有沒有令人討厭的習慣？ □
(33)你有沒有做到「己所不欲，勿施於人」？ □
(34)你使人厭煩嗎？ □
(35)你受到同事的歡迎嗎？ □
(36)你能按計畫工作嗎？ □
(37)你的工作有計畫性嗎？ □
(38)你在工作方面有別人所缺乏的卓越才能嗎？ □
(39)你有拖延的習慣嗎？ □
(40)你有力圖將計畫制訂得更完備，以提高工效的習慣嗎？ □
(41)你是不是非常熱心的人？ □

(42)你能傾注你的熱情去執行自己的計畫嗎？ □
(43)你的熱情會干擾你的判斷嗎？ □
(44)你做事時是不是很專心？ □
(45)你易於受外界的影響而改變你的計畫或決定嗎？ □
(46)當你遇到反對時，就傾向於放棄你的目標和計畫嗎？ □
(47)你能排除不可避免的干擾，繼續工作嗎？ □
(48)你能不能同別人和諧相處？ □
(49)你幫助別人像要求別人幫助你那樣大方嗎？ □
(50)你經常同別人爭論嗎？ □
(51)你相信同事之間的合作有好處嗎？ □
(52)你知不知道不跟同事合作的害處？ □
(53)你遇到失敗就停止努力嗎？ □
(54)假設受到挫折，你會繼續努力嗎？ □
(55)你認為暫時的挫折就是永久的失敗嗎？ □
(56)你從失敗中學到過教訓嗎？ □
(57)你知道如何將失敗轉變為成功嗎？ □

(58)你能運用你的建設性的想像力嗎？
(59)你具有決斷力嗎？
(60)唯命是從的人比能提出新主意的人更有價值嗎？
(61)你有沒有創造力？
(62)你能就你的工作提出行之有效的主意嗎？
(63)當情況令人滿意時，你能聽從合理的忠告嗎？
(64)你能按固定比例節省你的收入嗎？
(65)你花錢不考慮將來嗎？
(66)你每天都有充足的睡眠嗎？
(67)你是否經常利用業餘時間閱讀自我勵志書籍？
(68)你知道保持健康的五要素嗎？
(69)你知道良好健康的起點嗎？
(70)你知道休息與健康的關係嗎？
(71)你知道調節健康所必需的四要素嗎？
(72)你知道「憂鬱症」和「心理病」的意義嗎？
(73)你是否有些難以控制的習慣？

□ □ □ □ □ □ □ □ □ □ □ □ □ □ □ □

(74) 你已戒除了不良的習慣嗎？ □

(75) 最近你培養了新的好習慣嗎？ □

## 評分標準

(1) 以下21題都應答「×」——

12 13 16 19 20 22 24 25 32 34 37

39 43 45 46 50 53 55 60 65 73

(2) 其餘54題都應答「○」

(3) 答對了的題，每題得4分。反之，不得分。

(4) 算出你所得的總分，然後在次頁表中查對——

你已嚴格而誠實地回答了「成功商數分析表」上的問題了吧？要知道：你的測試結果並不是不可改變的。如果你得了高分，那就意味著你能夠敏捷地吸取和實踐本書的一些原則。如果得分並不很高，也不要失望！運用積極的心態，你仍可以取得偉大的成就。

## 成功商數評分標準

| 你的得分 | 相對應的成功等級 |
|---|---|
| 0～99分 | 極差（下等） |
| 100～199分 | 較差（中下） |
| 200～274分 | 一般（中等） |
| 275～299分 | 優良（中上） |
| 300分 | 完美（上等） |

# 結語　祝福您！

成功就是做為社會的個人達到自己正當的目的與實現自己的理想。成功是人的本能、願望與職責。「人生來就有成功的本能，以後逐漸產生了成功的願望，做任何工作時都負擔著成功的職責。」人人都希望把自己的工作做好。因此，不論是否意識到，成功是每個人所具的的共同意識。但是，由於環境與文化條件的差異，有些人的成功意識強烈些，有些人的成功意識薄弱些。也就是說，失敗與成功的差別就在於意識的強弱。

本書主要以希爾博士的成功學為藍本，以十七項成功規律為基礎，以及借鑒其它成功學著作之精華，以達到「強化成功意識，普及溝通理念，調整處世心態，傳遞實戰經驗」之目的，是目前成功學著作中最精練又最具有實踐價值的參考書。希望在您熟讀之後，能改變您的思維，對您的人生有所幫助！

〈全書終〉

館出版品預行編目資料

成功17堂課／拿破崙・希爾　著；-- 初版 --
新北市：新潮社文化事業有限公司，2024.10
面；　公分
ISBN　978-986-316-916-1（平裝）
1.CST：自我實現　2.CST：成功法

177.2　　　113011016

**成功 17 堂課**
拿破崙・希爾　著

【策　劃】林郁
【制　作】天蠍座文創
【出　版】新潮社文化事業有限公司
電話：(02) 8666-5711
傳真：(02) 8666-5833
E-mail：service@xcsbook.com.tw

【總經銷】創智文化有限公司
新北市土城區忠承路 89 號 6F（永寧科技園區）
電話：(02) 2268-3489
傳真：(02) 2269-6560

印前作業　東豪印刷事業有限公司
福霖印刷企業有限公司

初　　版　2024 年 12 月